NEALE DONALD WALSCH

L'abondance véritable ?

Bonheur, processus de création personnelle
et maîtrise

Traduit de l'américain par Michel Saint-Germain

ARIANE

Titre original anglais :
Happier than God
Hampton Roads Publishing
1125, Stoney Ridge Road, Charlottesville, VA 22902

L'abondance véritable ?

Ariane Éditions inc.
1209, av. Bernard O., bureau 110, Outremont, Qc,
Canada H2V 1V7
Téléphone : 514-276-2949, télécopieur : 514-276-4121
Courrier électronique : info@ariane.qc.ca
Site Internet : www.ariane.qc.ca

Traduction : Michel St-Germain
Révision linguistique : Monique Riendeau et Michelle Bachand
Graphisme et mise en page : Carl Lemyre
Illustration : France 22 Productions

Première impression : août 2008

ISBN : 978-2-89626-047-8
Dépôt légal : 3e trimestre
Bibliothèque et Archives nationales du Québec
Bibliothèque nationale du Canada
Bibliothèque nationale de Paris

Diffusion
Québec : ADA Diffusion – 450-929-0296
www.ada-inc.com
France et Belgique : D.G. Diffusion – 05.61.000.999
www.dgdiffusion.com
Suisse : Transat – 23.42.77.40

Gouvernement du Québec — Programme de crédit d'impôt pour l'édition de livres — Gestion SODEC

Imprimé au Canada

Dieu me demande de vous transmettre ce message :

Il n'y a rien à corriger ;
tout aspire à une Célébration.
Vous êtes faits pour fléchir
afin de découvrir
tous les nombreux Miracles
à vos pieds.
Vous êtes faits pour vous étirer
afin de trouver
Votre Beau Visage de Ciel

juste au-dessus

de tout ce que vous croyez devoir mettre sur vos épaules.

Quand je demande à Dieu
de me parler,
je me sens tout aussi petit
et seul
que vous.
Mais c'est alors,
sans aucune raison valable,

que je commence à *Briller.*

Table des matières

D'abord un mot de gratitude…

Merci, Dieu. Merci pour ce livre et cette vie, et pour ce merveilleux instant. Merci pour tout ce qui m'est arrivé, m'arrive et m'arrivera. Car tout cela a engendré cette respiration qui est parfaite et la gloire de Qui Je Suis en train d'être.

Bien. À présent, à l'endos de la couverture, inscrivez la date d'aujourd'hui. Vous voudrez vous la rappeler, car vous êtes sur le point de recevoir pour la vie une formule qui changera toute votre expérience quotidienne.

Sauf dans le cas contraire.

Et c'est aujourd'hui que vous prendrez cette décision…

Chapitre un

Vous êtes le témoin d'un mécanisme extraordinaire

La vie est faite pour être heureuse. Le croyez-vous ? Je sais que ce n'est pas évident quand vous regardez autour de vous, mais c'est vrai.

Et vous êtes fait aussi pour être heureux. Et si vous l'êtes déjà, vous êtes fait pour l'être davantage. Même si vous êtes très heureux, vous pouvez l'être encore plus.

Jusqu'où ? À quel point, exactement, pouvez-vous l'être ?

Vous pouvez être plus heureux que Dieu.

Un jour, j'ai entendu une dame décrire un homme très fortuné. Elle a dit de lui : « Il est plus riche que Dieu ! » C'est en ce sens que je l'entends. J'ai l'intention d'utiliser l'ultime superlatif.

Ces mots, je les prends au sens littéral. Je les emploie au sens propre. Ce qui soulève beaucoup de questions. Est-ce à dire que Dieu connaît même ce que nous appelons le « bonheur » ? Oui. Que Dieu fait l'expérience du malheur ? Non. Si nous pouvons être plus heureux que Dieu, cela suppose-t-il que nous sommes séparés de lui ? Non. Alors, comment est-ce possible ?

Eh bien, il existe une formule qui permet d'être plus heureux que Dieu. Tous les mystiques l'ont connue, de même que la plupart des maîtres de sagesse. Certains messagers spirituels contemporains la connaissent aussi, mais elle est devenue, tout au long des siècles, une « formule mystère » en quelque sorte… car on n'en parle pas beaucoup. Vraiment pas beaucoup.

Pourquoi ? C'est simple. Parmi ceux à qui s'adressent les enseignants et les messagers spirituels, très peu ont cru aux effets supposés de la « formule mystère ». Et lorsqu'on parle de choses auxquelles personne ne croit, on peut devenir très impopulaire.

Alors, même aujourd'hui, en cette supposée période d'éveil intellectuel et spirituel, peu d'enseignants et de messagers inspirés révèlent cette formule, même s'ils la connaissent. Ou s'ils en parlent, ce n'est qu'à moitié. La plupart gardent cachée l'autre moitié, la partie la plus saisissante de cette formule. Voilà donc une vérité étonnante, mais incomplète.

* * * * *

À quoi sert une vérité si elle n'est pas entièrement révélée ?

À rien, bien entendu. En fait, une demi-vérité peut être trompeuse. Elle peut même être dangereuse. Alors, ici, nous allons dire la vérité, toute la vérité, rien que la vérité. Nous allons d'abord voir pourquoi vous avez ce livre en main, et à la fin, nous aurons décrit un mécanisme extraordinaire.

Ça va ? Bien. Allons-y.

Demandez-vous pourquoi vous avez choisi ce livre.

Bon, laissez. Je vais vous le dire. Vous avez agi par impulsion.

Et d'où est venue cette impulsion ?

De vous.

Pourquoi est-elle née en vous ? Qu'est-ce qui l'a provoquée ? Et de quel aspect de vous venait-elle ?

Ces réponses occupent une grande partie de ce livre – et elles sont passionnantes au possible. Mais pour l'instant, passons à une question encore plus grande : Comment se fait-il que ce livre se soit trouvé ici – ici même, là où vous êtes, juste là – et que vous l'ayez vu, que vous ayez même eu l'impulsion de le prendre ?

Eh bien, c'est la question clé, et la réponse pourrait changer votre vie.

La voici, cette réponse. Apprêtez-vous à voir votre vie entière changer.

Si ce livre s'est « trouvé » ici, *ici même*, précisément *maintenant*, c'est parce que *vous l'y avez placé.*

C'est vous qui l'avez fait se trouver ici.

Bon, nous allons explorer bien des choses à peine croyables ; vous devrez me suivre. Comme je vous l'ai dit, même les messagers spirituels contemporains ne vous ont pas révélé toute cette vérité, car peu de gens peuvent croire en celle-ci. Alors, à vous de choisir maintenant. Voulez-vous en être ? Voulez-vous dépasser ces frontières ? Désirez-vous vraiment explorer ? Au-delà des limites de vos idées et constructions actuelles ?

Si tel est votre choix, continuez à tourner ces pages et accrochez-vous à votre siège.

Vous avez fait en sorte que ce livre soit ici, exactement ici, juste là. Cela ne vous paraîtra peut-être pas évident, mais c'est vrai.

Comment ?

Selon les principes de la physique quantique.

Souvent, les gens se servent de la physique quantique sans le savoir. C'est-à-dire sans *en être tout à fait conscients.*

En physique quantique (c'est *scientifique*, au cas où cela vous semblerait tiré par les cheveux), « ce qui est observé est toujours affecté par l'observateur ». Si c'est vrai (et ce l'est), vous avez joué un rôle dans tout ce qui est en train de se produire, de cette façon précise. Ce qu'il reste à déterminer, c'est si vous l'avez fait consciemment ou non, intentionnellement ou non, délibérément ou non.

Mais vous l'avez fait, je vous l'assure.

Vous avez attiré ce livre, vous l'avez porté à votre attention, et vous êtes en train de le lire – et tout cela est né de votre profond désir d'être plus heureux.

Ce livre s'est rendu de mon clavier à mon éditeur, et de votre libraire jusqu'à vos mains, d'une façon qui ne doit rien à la coïncidence ni au hasard.

Rien de cela n'est le fruit du hasard.

Alors, soyez heureux. Vous venez d'être témoin du mécanisme le plus extraordinaire de l'univers, celui de la Manifestation. Permettez-moi de l'exprimer autrement. Vous venez d'être témoin de…

… Dieu en pleine action.

(Et si ça ne vous rend pas heureux, rien ne le fera.)

Chapitre deux

La renversante vérité qui étonnera le monde entier

Avant la fin de ce livre, vous allez recevoir un tas d'indications sur la manière de devenir plus heureux. Nous allons voir des étapes précises qu'il vous est possible d'entreprendre pour apporter la paix à votre esprit, l'amour dans votre cœur, et la joie dans votre âme – et les y garder. Si intrigantes que soient ces étapes, nous n'allons pas les aborder tout de suite. Elles seront beaucoup plus compréhensibles, et donc beaucoup plus utilisables, si on les situe dans un contexte plus large.

Hors de ce contexte, ces étapes pourraient ressembler à tant d'autres « trucs de mieux-vivre », et ce livre pourrait passer pour un autre bouquin de croissance personnelle. Ce n'en est assurément pas un. *Ce livre présente une explication complète du fonctionnement de la vie.* Il peut faire d'une vie ordinaire une expérience extraordinaire.

Lorsque vous comprendrez cette explication, les étapes mentionnées plus tôt auront un réel sens. Je vais donc vous entretenir d'abord du processus de Création personnelle, des grands Principes de vie, et de cette Vérité cachée.

* * * * *

Dans les années soixante, aux États-Unis, un autocollant était visible sur bien des pare-chocs. Il demandait : DIEU EST-IL MORT ?

Cette question reposait sur l'idée que jusqu'ici l'humanité avait évolué si rapidement que nous avions peut-être éliminé la nécessité de Dieu. Cette pensée a été renforcée ces dernières années avec l'émergence d'enseignements sur ce qu'on a appelé la « Loi d'attraction », soit la capacité de certains individus à créer leur propre réalité en n'utilisant que la « pensée positive » et l'« intention focalisée ».

Je sais, bien sûr, que Dieu n'est pas mort. Et la plupart des gens sont de mon avis. Les sondages montrent que dans tous les pays et toutes les cultures une vaste majorité d'individus croient en une puissance plus grande qu'eux.

Mais si nous, humains, pouvons obtenir et acquérir tout ce que nous voulons dans la vie en exerçant notre propre puissance, à quoi sert une puissance plus élevée ? Quelle serait sa fonction ? Quel serait son but ?

L'étonnante conclusion à laquelle beaucoup aboutissent présentement, vu, surtout, la façon dont le « raccourci vers le bonheur » s'enseigne de nos jours dans certains cercles, c'est que nous n'avons plus besoin de Dieu.

Alors, je vais dire quelque chose qui, si vous croyez en Dieu, vous rendra très heureux. Mais pas tout de suite. De prime abord, cela pourrait pousser beaucoup d'entre vous à vouloir tout de suite fermer ce livre. Ne faites pas cela, vous pourriez rater la partie que vous adoreriez. (Si vous ne croyez pas du tout en Dieu, vous allez trouver les propos suivants à tout le moins intrigants. Alors, accrochez-vous!)

C'est vrai.

Nous n'avons plus besoin de Dieu.

En fait, nous n'avons jamais eu besoin de Dieu.

Dieu ne nous sert absolument à rien.

Telle est la renversante vérité qui étonnera le monde entier.

Telle est la Vérité cachée que personne ne veut prononcer.

Mais ce n'est pas toute la Vérité cachée. Le reste a quelque chose à voir avec la *raison* pour laquelle nous n'avons pas besoin de Dieu.

Chapitre trois

La promesse à laquelle peu de gens croient; la vérité que peu acceptent

Ne pas avoir besoin de Dieu, ce n'est pas comme ne pas savoir qu'en faire. Je tiens à le répéter, car c'est trop important pour qu'on glisse là-dessus : ne pas avoir besoin de Dieu, ce n'est pas comme ne pas savoir qu'en faire.

En réalité, c'est précisément parce que nous savons très bien quoi faire de Dieu que nous n'avons pas besoin de lui.

Comment peut-on avoir « besoin » de ce qu'on a toujours, qu'on ne peut aucunement *ne pas* avoir, qu'on peut toujours utiliser, et qu'on ne peut pas *ne pas* utiliser, même si on nie l'utiliser ?

On ne peut pas *ne pas* avoir Dieu dans sa vie, en tant que composante de sa vie, et c'est une chose que beaucoup de gens sont incapables de croire. Ils ne croient pas à la plus grande promesse de Dieu : *je serai toujours avec vous jusqu'à la fin des temps.*

On ne peut pas ne pas avoir besoin de Dieu, même si on nie son existence, ce que beaucoup de gens ne peuvent croire. Ils ne peuvent accepter la vérité la plus merveilleuse qu'enseignent toutes les religions, chacune à sa manière :

demandez et vous recevrez.

Parce que les gens ne peuvent accepter cette vérité, *ils se méprennent complètement et absolument sur la formule* qui leur permet de créer l'expérience qu'ils désirent attirer dans leur vie.

Je qualifie cette formule de processus de Création personnelle, ce que certaines gens appellent la « Loi d'attraction », et Dieu n'est pas dépassé pour autant, bien au contraire. Notre expérience de Dieu en est plus présente, plus pertinente et plus réelle que jamais.

CHAPITRE QUATRE

La nouvelle bonne nouvelle

Toutes les grandes vérités commencent sous forme de blasphèmes.

George Bernard Shaw l'a dit, c'est bien connu, et il avait raison. Son observation explique pourquoi tant de grandes vérités doivent être présentées très doucement, à voix basse, et discrètement.

Mais vient un temps où on ne peut plus les dire discrètement. Elles montent comme des bulles à la surface de la vie et éclatent dans toute leur splendeur. Ce sont de grands moments pour l'humanité, car c'est cet éclatement d'une grande vérité qui fait évoluer notre espèce.

Prenez, par exemple, l'idée qu'on puisse être plus heureux que Dieu.

Quelle pensée! Quel concept! C'est révolutionnaire! Donc, beaucoup de gens y ont résisté. Pendant des années, ils l'ont repoussée, reniée, et même « condamnée ».

Oui, les gens – et ironiquement, les religions – ont *condamné le fait d'être un tant soit peu heureux*, et surtout, plus heureux que Dieu. (D'accord, ils n'ont pas condamné le fait d'être heureux, mais celui de poser la plupart des gestes qui *rendent* heureux.)

Beaucoup de gens s'imaginent que la vie est censée comporter bien des souffrances. La souffrance doit être « offerte » à Dieu. Il faut l'endurer en silence. Cela vous mérite des points au ciel.

Notre culture a si bien adopté cette idée que certaines gens ne veulent *pas* être heureux tout le temps. Lorsqu'on leur dit comment on peut être « plus heureux que Dieu », ils deviennent agités, mal à l'aise. Ils vous traitent d'« irréaliste ». Vous pouvez même avoir établi un « pacte avec le diable ».

Ils vous diront que la vie était censée être malheureuse. Que la vie est une épreuve. Une école. « On n'a rien sans rien », tout ça. Les gens le croient en grand nombre. Lorsqu'on leur dit que la vie n'a jamais été censée être malheureuse, que personne n'a jamais à être malheureux, ils vous regardent en louchant, ne sachant trop quoi penser. Ils ne savent pas quoi faire de cette approche. Souvent, ils vous diront où aller avec tout ça...

* * * * *

Oui, cette idée qu'on peut être plus heureux que Dieu est un blasphème. Ce n'est pas trop beau pour être vrai, c'est trop beau pour ne *pas* être vrai.

La bonne nouvelle, c'est que vous n'avez pas à traverser l'enfer pour aller au ciel.

Avez-vous entendu ? Qu'on le crie sur tous les toits ! Qu'on le proclame du haut de toutes les chaires. Que cette parole se propage loin et longtemps : *le bonheur est votre état d'être naturel*, et vous pouvez occuper cet espace tout le temps. Vous n'aurez plus jamais à être malheureux.

Cela ne signifie pas que vous n'aurez plus jamais à être triste, mais la tristesse et le malheur sont deux choses différentes.

Nous allons explorer cela ici, tout en examinant comment il nous est possible d'être heureux tout le temps.

Suis-je heureux tout le temps ? Non. Je mentirais si j'affirmais cela. Suis-je heureux plus longtemps qu'avant ? Oui. Est-ce que ça commence à ressembler à *la plupart* du temps ?

Oui. Est-ce que je crois vraiment pouvoir être heureux *tout* le temps ? Oui.

Et il en va de même pour vous. Vous pouvez être *plus heureux que Dieu.* Rien de cela n'implique le matérialisme ou l'égoïsme. En fait, la formule ne fonctionne pas ainsi. Elle vous permet de créer tout ce que vous voulez, et je sais que cela peut paraître matérialiste, mais lorsque vous connaîtrez cette formule *en entier*, lorsque vous entendrez toute la Vérité cachée, ce sera très clair pour vous.

Commençons donc par une vérité fondamentale, avant d'arriver à la vérité *derrière* la vérité... une plus grande part de cette Vérité *cachée.*

La vérité de base vous a été donnée dans les sept premiers mots de ce livre.

La vie est faite pour être heureuse.

Je vous ai alors demandé, et je vous le redemande : Le croyez-vous ? Si vous ne le croyez pas, la vie ne pourra que se dérouler selon votre non-croyance. Ne soyez pas surpris si vous êtes malheureux plus souvent que vous ne le voudriez. Mais si vous croyez que la vie est faite pour être heureuse, elle le sera.

Vous vous dites peut-être : « Vraiment ? Alors, comment expliquer toute la douleur du monde, et toute la souffrance ? »

Bonne question. Et avant la fin de ce livre, vous aurez une réponse. Mais là, maintenant, concentrez-vous sur l'énoncé de sept mots par lequel ce livre a débuté. Voyons s'il vous est possible de l'accepter au moins comme *possibilité.*

Chapitre cinq

Lorsqu'on n'a pas à le voir pour le croire

J'affirme ici que le fait de *croire* que votre vie peut être heureuse la plupart du temps *peut la rendre telle.* Mais il n'y a là rien de neuf. Nous l'avons tous entendu dire. Ce livre traite de ce que vous n'avez jamais entendu. Il concerne une vérité encore plus grande, cachée derrière celle-ci. Une vérité si grande, si... comment dire ?... *étrangère à notre expérience et à tout ce qu'on nous a enseigné...* et, comme je l'ai déjà fait remarquer à deux reprises, beaucoup de gens ne peuvent y croire, même en la voyant. Lorsqu'ils voient cette vérité prendre vie sous leurs yeux, *ils attribuent cette manifestation à autre chose.*

D'après un vieux dicton, « il faut le voir pour le croire », mais permettez-moi de vous parler des vaisseaux de Magellan.

Cette histoire, je l'ai découverte grâce à mon cher ami Stephen Simon, le producteur et réalisateur des films *Conversations avec Dieu* et *Indigo*, le coproducteur d'*Au-delà des rêves* [*What Dreams May Come*] et l'instigateur de nombreux autres films dont vous avez peut-être entendu parler, dont *Les aventures de Bill et Ted.*

Comme l'explique Stephen, Magellan et ses hommes ont exploré de nombreuses îles, sans résistance de la part des indigènes, qui auraient bien pu sauter dans leurs pirogues pour mener une attaque de grande envergure contre ces marins d'allure étrange, ces dangereux intrus, mais qui les ont plutôt accueillis à bras ouverts. La raison ? Lorsque les hommes de guet indigènes ont repéré les vaisseaux de Magellan, *ils ne savaient pas ce qu'ils regardaient.*

Ils n'avaient jamais vu de vaisseau si immense et si majestueux. Ces bateaux gigantesques, avec leurs énormes mâts et leurs voiles gonflées à fond, étaient tellement éloignés de l'expérience de ces insulaires que ces derniers n'avaient aucun point de référence. Ils ont attaché leurs canots, déposé leurs lances avec un respect mêlé de crainte, et accueilli Magellan et ses hommes comme des dieux.

Stephen nomme cela le syndrome du bateau de Magellan – un phénomène qui se produit lorsqu'on regarde une chose si éloignée de sa propre expérience qu'on ne sait vraiment pas quoi en penser. Eh bien, la Vérité cachée dont je viens de parler est si éloignée de tout ce que la plupart d'entre nous ont jamais appris ou entendu, que même lorsqu'elle affecte notre vie, elle suscite un effet, une manifestation directe sous nos yeux, et *nous ne savons vraiment pas ce que nous regardons.* Nous voyons quelque chose et nous lui donnons un autre nom.

Nous voyons le résultat de la Vérité cachée et le qualifions de produit de la coïncidence, du hasard, d'un accident ou du sort… ou tout simplement de la chance douteuse. En fait, cette vérité n'a rien de douteux, bien au contraire : c'est l'œuvre de l'intelligence la plus élevée de l'univers.

Chapitre six

La question la plus importante jamais posée

Voici maintenant un palpitant voyage de l'esprit qui pourrait bien être l'exploration la plus importante de toute votre vie. C'est ce que vous êtes venu faire ici. Voilà pourquoi vous avez eu l'impulsion de prendre ce livre. Vous savez déjà tout ceci. Vous ne savez tout simplement pas que vous le savez. Ou, le cas échéant, peut-être avez-vous tout simplement de la difficulté à vous le rappeler. Ou encore, si vous vous en souvenez, peut-être avez-vous de la difficulté à *l'appliquer.*

Si vous croyez appartenir à l'une ou l'autre de ces catégories, vous allez énormément bénéficier des éclaircissements que vous allez vous apporter ici – puisque vous avez utilisé le *mécanisme de la Manifestation* pour vous *parler* du *mécanisme de la Manifestation.*

Ce mécanisme, c'est ce que nous allons explorer. C'est ce que j'appelle la puissance sur laquelle repose la Création personnelle. Il s'agit de *la façon dont les choses arrivent.* De la manière dont la réalité *devient* réalité. Bon, j'ai déjà précisé, un peu plus haut, ce que certains d'entre vous se demandent peut-être déjà : « Oh, tout *ça.* Ouais, j'ai déjà entendu. Est-ce qu'il n'y a pas eu un film là-dessus dernièrement ? »

Bien sûr. Mais il a à peine mentionné la Vérité cachée. Comme toujours dans des discussions sur la manifestation et la création, cette vérité derrière la vérité a bien failli se perdre, car elle est restée largement inexprimée. Qui veut être marginalisé, passer pour un blasphémateur ?

Mais il est temps de parler de cette vérité cachée. Nous tous, pas seulement quelques-uns; tous les auteurs, les enseignants, les orateurs et les messagers spirituels qui chercheraient à traiter du fonctionnement de la vie.

C'est une chose d'affirmer que nous pouvons tous être heureux, faire l'expérience de tout ce que nous choisissons dans la vie, et créer notre propre réalité, *mais c'en est une autre de nous dire pourquoi.*

Nous avons tous beaucoup entendu parler du *comment* de la Création personnelle, nous avons beaucoup entendu dire *comment* ça marche, mais nous avons à peine entendu dire *pourquoi.*

Cela a généré beaucoup de questions – et l'une de celles-ci, en particulier, pourrait bien être la plus importante de tous les temps.

* * * * *

On m'a souvent posé cette question lors de mes conférences et de mes retraites de renouveau spirituel. D'autres messagers aussi l'ont entendue, j'en suis sûr. Et maintenant, on la soulève à la télévision mondiale.

Lorsque cette question recevra une réponse pleine et entière, vous saurez comment être *plus heureux que Dieu.*

Au cours *The Oprah Winfrey Show* de février 2007, un membre de l'auditoire en studio l'a posée et a failli mettre fin à l'émission, laquelle était consacrée au film *Le Secret*, qui attirait beaucoup d'attention à l'époque et se rapportait à la prétendue « Loi d'attraction ». Cette « loi » est un phénomène qu'on a décrit dans les livres et les émissions, les cours et les conférences, les déclarations et les sermons de nombreux enseignants et messagers tout au long des siècles. Lors de son émission diffusée à l'échelle mondiale, Oprah décrivait en ces termes ce grand Principe de vie :

« L'énergie, les pensées et les sentiments que vous émettez dans le monde, bons ou mauvais, sont précisément et toujours ce qui vous revient [...] Vous avez donc la vie que *vous* avez créée. J'en parle depuis des années à cette émission. »

Les invités d'Oprah sur le plateau déployaient tout leur enthousiasme sur l'usage des pensées et des sentiments positifs, le fait de provoquer dans sa vie, consciemment et délibérément, des résultats désirés comme le décrivait le film *Le Secret*, quand Oprah désigna une femme de l'auditoire qui, disait-elle, avait une question dont bien des gens cherchent la réponse.

La femme s'est alors levée et a déclaré :

« Mon mari et moi sommes chrétiens, et nos enfants le sont aussi. Nous leur enseignons à avoir foi en Dieu, et il semble que *Le Secret* vous enseigne de placer votre foi en vous-même. Alors, je me demande si Dieu a une place quelconque dans tout cela. »

Oprah a trouvé que c'était là une bonne question, et je comprends pourquoi. Depuis leur enfance, la plupart d'entre nous se sont fait dire que Dieu est celui vers qui ils peuvent se tourner s'ils ont besoin d'aide ou s'ils désirent quelque chose de vraiment important.

N'est-ce pas ainsi que des millions d'entre nous ont été formés ?

Peu importe la culture et la religion, si une personne croit le moindrement en une Déité, n'est-ce pas l'un des rôles les plus importants de cette dernière ? Dieu n'est-il pas le fournisseur de toutes les bonnes choses ?

Mais que dire de cette radicale affirmation, dans certains enseignements et écrits, selon laquelle, si nous avons besoin d'un miracle, d'une meilleure santé ou de plus d'argent, si nous brûlons d'avoir un meilleur partenaire ou que nous cherchons une bonne façon de gagner notre vie ou tout simplement d'avoir une meilleure vie, nous n'avons qu'à utiliser la puissance qui est déjà en nous, qu'à « prononcer la parole magique » pour que tout ce que nous désirons vienne à nous ?

Nous devons de nouveau nous demander ce que peut *bien* faire Dieu dans tout cela. Si ce qui a été dit est vrai – que nous n'avons pas « besoin » de Dieu parce que Dieu est toujours avec nous –, *quel rôle Dieu joue-t-il dans tout cela* ? Quel est son rôle dans le processus de Création personnelle ?

Chapitre sept

L'œuvre de Dieu ou celle du diable ?

Afin de comprendre comment la Création personnelle *accroît* le rôle de Dieu dans notre vie, au lieu de le *diminuer*, nous devons bien connaître le mécanisme de la Manifestation. Il faut saisir à fond ce mécanisme, ainsi que les principes de vie qui le soutiennent.

Le processus de Création personnelle est en fait constitué de trois phénomènes qui interagissent pour n'en former qu'un seul. Le premier phénomène concerne Dieu, le deuxième vous concerne, et le troisième concerne vous et Dieu, ensemble.

En d'autres mots, la première partie de la « formule mystère de la vie » est le *Je Suis*, la deuxième est le *Tu Es*, et la troisième est le *Comment*.

Comme la plupart des gens ne comprennent pas profondément ces trois aspects, ils qualifient le principe d'« attraction » de « secret ».

Certaines personnes ont dit avoir tenté d'utiliser ce principe et l'avoir trouvé inefficace, décevant et décourageant. À mon avis, c'est parce qu'ils ne se servent que d'une partie de l'information.

D'autres ne veulent rien savoir de l'attraction ou de la Création personnelle, peu importe l'information dont ils disposent, car ils ont l'impression que cela pourrait être le « mal » – l'œuvre d'un diable qui cherche à nous éloigner de notre confiance en Dieu en séduisant notre ego et en nous faisant croire à notre propre puissance.

Et les traditionalistes religieux ne sont pas les seuls à s'éloigner de ce processus. Ils sont en compagnie d'un grand nombre de ceux qui cherchent tout simplement une vie centrée sur Dieu et l'expérience d'une relation personnelle avec le Divin (que ce soit ou non dans le cadre d'une religion traditionnelle). Tous ces gens ne sont peut-être pas à l'aise avec l'idée qu'ils ont eux-mêmes, et eux seuls, la charge de créer leur propre réalité.

Puis, il y a aussi des rationalistes non religieux qui croient que ce qui ne peut être expliqué par des preuves, la raison et la logique est *irrationnel* et ne peut mener qu'à l'illusion.

En fait, rien, dans la Création personnelle, n'est mauvais *ni* irrationnel. Mais comme je l'ai précisé déjà, bien des éléments de ce processus n'ont pas été suffisamment expliqués.

Jusqu'à maintenant.

CHAPITRE HUIT

Un outil à deux manches

Alors que les gens sont de plus en plus nombreux dans le monde à explorer la possibilité de créer délibérément tout ce qu'ils choisissent, je crois qu'il serait hautement avantageux de faire ici une pause pour examiner…

1. *pourquoi* la Création personnelle fonctionne;

2. *dans quels buts* on peut l'utiliser, autrement que pour attirer plus d'argent, de plus grandes maisons, des voitures neuves ou des bijoux plus étincelants;

3. *comment* la Création personnelle est compatible avec toute la douleur et la souffrance du monde, et comment elle peut la soulager.

Il est question de puissance, vous savez. D'une puissance immense. Mais on a tellement parlé et écrit à propos de cette puissance, qu'en songeant à écrire ce livre je me suis demandé si ce texte était vraiment nécessaire, s'il sera vraiment utile.

Puis, juste au moment où j'étais sur le point de laisser tomber ce projet, j'ai lu, dans le site d'une librairie en ligne, l'appréciation critique d'un lecteur quant à la manière dont certains enseignent la « pensée positive » et la Création personnelle.

Ce lecteur disait entre autres ceci :

Je m'intéresse depuis des années à la puissance de l'esprit [...] mais je suis si offensé par l'aspect « enrichissement financier » [...] le fait qu'il suffise de focaliser sur une voiture neuve, de l'argent et de grandes maisons pour que cela se produise. Certaines de mes plus grandes leçons de gratitude sont venues quand je me suis aperçu que j'avais déjà tout ce qu'il me faut.

Je crois que nous devons nous servir de nos pensées positives pour trouver un sens à l'existence que nous avons déjà et pour enrichir notre vie spirituelle. Il ne fait aucun doute que les pensées positives et le fait de croire qu'on mérite l'amour et l'abondance nous permettront d'en recevoir davantage, mais ce n'est ni une sorte de formule magique ni un secret [...]

La pensée positive peut vous aider à envisager la réussite et à vous ouvrir à de nouvelles possibilités, mais elle ne réglera pas vos factures par magie.

De loin la partie la plus dérangeante du message est le fait de suggérer que les gens qui souffrent dans leur vie ont en quelque sorte attiré cela par leurs pensées. Les victimes de viol au Darfour n'ont pas demandé à vivre cela. Les enfants victimes d'abus et les Africains qui meurent de faim ne l'ont pas demandé non plus.

Il est immonde d'insinuer que leurs « pensées incorrectes » en sont la cause.

J'ai trouvé ahurissant de tomber sur ces paroles alors même que j'étais sur le point d'abandonner l'idée de ce livre parce qu'elle me semblait mauvaise. Comme si l'univers me hurlait : « N'abandonne pas ce livre! » Je savais que si je ne donnais pas suite à ce projet, cela laisserait beaucoup trop de place au malentendu, à la mauvaise interprétation et aux idées fausses sur l'aspect le plus important et le plus merveilleux de la vie humaine.

Certains affirment que la manière dont on enseigne actuellement la Création personnelle équivaut à extraire un cadeau merveilleux d'un coffre au trésor sacré pour le placer dans une vitrine de magasin. Selon eux, le fait de promouvoir l'« attraction » et la « manifestation » comme moyen d'enrichissement personnel et de satisfaction des désirs personnels pourrait amener les gens dans un espace d'abondance matérielle tout en les laissant dans la pauvreté spirituelle.

Même si j'ai la certitude que la plupart des enseignants contemporains de la théorie de la création ont été formés à une forte spiritualité, je crois que nous devons tous entendre cette critique et ne pas nous contenter de la balayer sous prétexte qu'elle n'a aucune validité.

Je crois que nous devons ajouter plus de substance à nos communications sur le processus de Création personnelle, afin que ceux qui en entendent parler puissent en avoir une conscience plus riche, plus complète et plus profonde.

* * * * *

Voici un peu de substance que j'aimerais ajouter :

La Création personnelle (et l'Énergie d'attraction qui en forme une partie intégrante) est un produit de l'Amour divin.

La Création personnelle concerne *le pouvoir de la vie d'engendrer la vie*, une puissance pure et simple, celle de changer votre vie.

L'« attraction » est le cadeau d'une Déité bienveillante et compatissante. C'est un outil à deux manches – l'un est entre les mains de Dieu et l'autre, dans les nôtres.

Cet outil est maintenant entre vos mains. Ce que vous pensez de ces paroles mêmes leur donnera ou leur enlèvera de la puissance, et vous donnera ou vous enlèvera de la puissance.

Ce que vous pensez de ce paragraphe même déterminera votre expérience. Si vous croyez que tout cela est pure absurdité, il en ira *de même* dans votre réalité. Si vous estimez que c'est vrai, il en ira *de même* dans votre réalité. C'est aussi simple que cela.

Vos idées sur le reste de ce livre, et sur l'Énergie d'attraction, ne seront pas différentes. Ce principe fait partie du processus de Création personnelle, une puissance qui attend d'être maniée, utilisée, *consciemment* plutôt qu'inconsciemment (comme s'en sert maintenant la plus grande partie de l'humanité). Comme tous les outils, celui-ci est surtout efficace lorsqu'on en fait usage dans le but auquel il est destiné.

Je ne veux pas que vous passiez à côté de l'énorme implication de tout cela.

Je viens de dire que cette « attraction » est un OUTIL, que ce dernier a été créé par Dieu et *nous* a été donné pour que nous l'utilisions *avec Dieu.*

J'ai également dit qu'il est *surtout efficace* lorsqu'on s'en sert *dans le but auquel il était destiné.* (Ainsi, nous voyons une autre raison pour laquelle certaines personnes ayant eu recours à la Création personnelle l'ont trouvée inefficace, décevante et décourageante. Ils n'utilisent pas l'« attraction » dans le but auquel elle est destinée.)

Et quel est ce but, au juste ?

C'est de créer une vie heureuse, paisible, joyeuse pour tous ceux dont vous touchez la vie, et pour vous, dans cet ordre.

Veuillez prendre note de ces trois derniers mots. Ils changeront tout ce que vous croyiez comprendre sur le processus de Création personnelle et la « formule mystère » derrière le fonctionnement de la vie.

Chapitre neuf

Les grands Principes de vie

La capacité de créer votre réalité est une expression de la Divinité. C'est pourquoi elle fonctionne toujours. Elle ne peut pas *ne pas* fonctionner. C'est un principe fondamental de l'univers. C'est *la nature des choses.*

Je viens de dire que l'« attraction » est un outil qui fonctionne avec *la plus grande efficacité* lorsqu'on l'utilise dans le but qui était le sien au départ. En d'autres mots, cet outil donne le plus souvent *les résultats escomptés* lorsqu'on s'en sert pour ce à quoi il est destiné. Mais il livre toujours *un certain* résultat, puisqu'on *l'utilise sans cesse* – consciemment ou non.

C'est le grand cadeau de Dieu : le commutateur est toujours ouvert.

Il s'agit ici d'un processus systématique de causalité qui ne s'éteint jamais.

Dieu *est* ce processus. Dieu *est* ce système. C'est ce que Dieu signifie lorsqu'il nous dit : « Je suis toujours avec vous, jusqu'à la fin des temps. »

C'est une chose qu'on ne comprend pas, en général, et qu'on explique rarement, à propos de Dieu. On ne l'explique presque *jamais* en relation avec la Création personnelle.

* * * * *

Nous devons maintenant remettre en contexte cette histoire d'« attraction ».

L'Énergie d'attraction fait partie d'*un plus grand système de cause à effet dans l'univers.*

Parler d'« attraction » comme si c'était une loi en soi, c'est un peu comme parler de la gravité sans exposer la loi physique qui explique ce qu'elle fait et pourquoi. Bon, un objet tombe. Alors, quoi… ?

Examinons donc en profondeur les grands Principes de vie.

La vie s'exprime par :

1. *l'Énergie d'attraction*, qui vous donne de la puissance ;

2. *la Loi des contraires*, qui vous donne une occasion ;

3. *le Don de sagesse*, qui vous donne le discernement ;

4. *La Joie de l'émerveillement*, qui vous donne de l'imagination ;

5. *la Présence des cycles*, qui vous donne l'éternité.

Ce système englobant régit le processus de Création personnelle. On peut même appeler « Dieu » ce système et ce processus.

Pour beaucoup de gens, cette pensée est nouvelle. Invitez-vous chacun à explorer cette idée un moment. Se pourrait-il que « Dieu » soit vraiment, après tout, un *processus*?

Et ce processus pourrait-il être l'expérience appelée la Vie ?

Ce processus de Création personnelle est-il tout simplement la manifestation naturelle de la vie ?

Selon ce que j'ai compris, la vie est Dieu. C'est Dieu *en train d'être* Dieu et de devenir ce que Dieu va être. C'est un système complexe et extraordinaire qui inclut un *processus* qui produit une *expression* appelée la vie. Ce système renvoie à un cercle.

Imaginez ce cercle : le *processus* de la vie produit *l'expression* de la vie, *l'expression* de la vie crée *l'expérience* de la vie, et *l'expérience* de la vie nous ramène au *processus* de la vie. Une chose mène à une autre, qui mène à une autre, et à une autre encore, en un cycle sans fin. Tout cela ne fait qu'un.

La vie telle qu'elle est créée est le processus, la vie telle qu'elle apparaît est l'expression, et la vie telle qu'elle nous touche est l'expérience. C'est nous qui déterminons *comment* elle nous touche – et la plupart des gens ne le comprennent pas.

Le cycle éternel processus-expression-expérience est la Divinité même. C'est Dieu en train de « dieuser ».

C'est la manifestation de la Présence des cycles. Toutes les choses réagissent à cette présence. Toutes obéissent à des cycles. Toutes font partie du système – et rien n'existe à l'extérieur de ce dernier.

L'attraction fait partie de ce système, tout comme les autres grands Principes de vie. L'usage conscient des principes qui forment le fondement du processus de Création personnelle produit une expression de la vie qui mène à l'expérience de la Divinité.

Me suivez-vous ? Restez tout près. Continuez à suivre. Relisez quelques mots, si vous le voulez. Ne quittez pas.

Tout comme la physique explique et contrôle les aspects et les éléments physiques de nos vies, la métaphysique en explique et en contrôle les aspects et les éléments plus grands que physiques.

L'attraction fait partie de cette métaphysique. C'est un *aimant énergétique.* Elle attire à elle tout ce qui lui ressemble. Elle obéit d'une façon absolue au principe selon lequel le semblable attire le semblable.

Cet aimant énergétique – cette puissance de Dieu –, nous l'utilisons dans le processus de Création personnelle, et il est constamment en fonction, que nous en ayons conscience ou non, que nous le reconnaissions ou non.

Ainsi, en parlant du pouvoir que nous avons de créer notre propre réalité, nous n'aurons plus jamais à nous demander : « Où est Dieu dans tout ça ? »

Maintenant, nous le savons.

Chapitre dix

Choix conscients et inconscients

C'est parce que le système ne se ferme jamais, parce que la puissance que Dieu nous a donnée est *toujours en fonction*, que le processus de Création personnelle *semble* parfois ne pas marcher.

Permettez-moi de redire une chose, pour être clair.

La Création personnelle fonctionne *toujours*.

Plus haut, j'ai fait remarquer que certaines personnes ont tenté d'utiliser le processus de Création personnelle et l'ont cru inefficace. La Création personnelle n'est jamais inefficace, même si elle ne donne pas toujours les résultats désirés. C'est précisément parce qu'elle est si efficace qu'elle ne le fait pas.

L'Énergie d'attraction, voyez-vous, réagit non seulement à ce que nous désirons, mais aussi à ce que nous craignons. Non seulement à ce que nous voulons nous attirer, mais aussi à ce que nous voulons écarter. Non seulement à ce que nous choisissons consciemment, mais aussi à ce que nous adoptons inconsciemment. « Sélectionner » à partir de ce que mon ami Deepak Chopra appelle « le Champ des possibilités infinies » est une délicate opération. L'important, c'est ce sur quoi nous focalisons, *que nous le voulions ou non, consciemment ou non.*

Par exemple, si votre esprit est concentré sur le fait de doubler votre revenu dans l'année suivante, mais que vous vous dites ensuite, l'heure d'après ou le lendemain, que ce sera presque impossible – « Allons, sois raisonnable ! Choisis un but que tu peux au moins *atteindre* » –, vous aurez alors choisi la seconde idée, *que vous vouliez le faire ou non au départ*, car le commutateur de votre puissance est toujours ouvert, la Création personnelle est toujours à l'œuvre.

Cela fonctionne non seulement avec votre pensée ou votre idée la plus récente, mais aussi avec celle à laquelle vous donnez le plus de fréquence, de concentration et d'énergie émotionnelle. Voilà pourquoi certaines personnes qui cherchent à utiliser le processus pour obtenir désespérément quelque chose affrontent souvent ce qu'elles qualifient d'échec et disent : « Tu vois bien que ça ne marche pas, ce truc-là ! »

En réalité, le processus fonctionne parfaitement. Si vous faites l'expérience de vouloir désespérément quelque chose et que vous continuez de vous dire à vous-même « Je veux ça ! », vous annoncez à l'univers que vous ne l'avez pas maintenant. (À moins que vous n'employez tout simplement le mot « vouloir » comme une figure de style, mais la plupart des gens ne le font pas. Lorsqu'ils disent « vouloir » une chose, ils expriment très clairement que c'est parce qu'ils font l'expérience de ne pas l'avoir maintenant.)

Aussi longtemps que vous entretenez une telle pensée, *vous ne pouvez* l'avoir, car vous ne pouvez faire l'expérience, d'un côté, de ce que vous confirmez, et de l'autre, *ne pas l'avoir.*

* * * * *

Par exemple, affirmer « Je veux plus d'argent » peut ne pas vous attirer de l'argent, mais en écarter. Car l'univers n'a qu'une seule réponse dans son vocabulaire : « Oui. » Il vous écoute très soigneusement, surtout *ce que vous ressentez.*

Dans *Conversations avec Dieu*, il est dit que « le sentiment est le langage de l'âme ». Si vous répétez constamment « Je veux plus d'argent! » et que l'univers capte votre sentiment, qui en est un de manque, *c'est ce à quoi l'univers réagira.*

Il s'agit ici d'une *puissance.* De la force d'un aimant. Rappelez-vous ceci : un sentiment est *de l'énergie,* et en matière d'énergie, le semblable attire le semblable. Ainsi, l'univers dira « Oui! » et vous continuerez de *vouloir plus d'argent.*

Si vous pensez « Je veux plus d'amour dans ma vie! », l'univers dira « Oui! » – et vous continuerez de *vouloir plus d'amour dans votre vie.*

En utilisant l'Énergie d'attraction, le mot « je » est la clé de contact de la création. Ce qui suit le mot « je » fait tourner la clé et démarrer le moteur de la manifestation.

Ainsi, quand « on dirait » que la Création personnelle ne fonctionne pas, c'est uniquement parce que l'Énergie d'attraction vous a amené à ce que vous avez *choisi par inadvertance* plutôt qu'à ce que vous croyiez choisir.

Si le commutateur n'était pas toujours ouvert, si le processus n'était pas toujours en fonction, vous pourriez n'avoir qu'une pensée très positive sur une chose, et ce résultat se manifesterait immanquablement dans votre réalité. Mais le processus fonctionne tout le temps, pas seulement à temps partiel, et se nourrit de ce que vous ressentez de plus profond, de la façon la plus constante. En définitive, une seule pensée très positive dans un tourbillon d'idées et de projections pas très positives n'est pas susceptible de générer le résultat désiré.

L'idée, c'est de rester positif dans une mer de négativité.

L'idée, c'est de savoir que le processus fonctionne, même lorsque *ce n'est pas apparent.* Je veux à présent vous donner un instrument pour ce faire. C'est une technique incroyable. Elle fonctionne chaque fois.

Chapitre onze

Le miracle qui changera votre vie

Il est plus facile que vous ne croyez de rester positif lorsqu'on est entouré – et même *submergé* – par ce que d'autres pourraient appeler de la « négativité ». Le truc, c'est de mettre fin au jugement, de « ne pas juger selon les apparences ».

En faisant cela, vous mettez fin à toute une façon de vivre. Ce n'est pas rien. C'est un changement de vie, en termes d'attitude et de comportement. C'est un miracle.

Mais comment accomplir ce miracle ? C'est la question à laquelle tout le monde veut une réponse. Veuillez donc accorder une grande attention à ce que je vais vous dire : pour sortir du jugement, il faut *passer à* la gratitude.

Ce corollaire est si important qu'il faudrait en tapisser tout votre monde, toute votre maison – le miroir de salle de bains, la porte du réfrigérateur, le rétroviseur de votre voiture, le haut de votre écran d'ordinateur. Vous pouvez même tatouer cette phrase sur votre poignet gauche ou, du moins, la graver sur un bracelet que vous porterez.

Elle signifie demeurer reconnaissant pour chaque résultat. *Chaque* résultat. C'est dire « Merci, Dieu », même pour ces choses que vous êtes certain de ne pas avoir consciemment choisies et que vous savez nettement ne pas vouloir.

Quelqu'un a dit un jour : « Le bonheur, ce n'est pas recevoir ce que vous voulez, mais vouloir ce que vous recevez. » Cette personne avait profondément raison.

La gratitude est le remède miracle à chaque instant de malaise. C'est la façon la plus rapide de dissoudre l'anxiété, de guérir la déception, de remplacer la négativité par la positivité. C'est le plus court chemin d'un cul-de-sac vers la Voie. C'est *l'énergie qui nous relie* à Dieu.

Essayez, pour voir.

La prochaine fois que vous affronterez un résultat, ou une expérience, qui ne correspond pas à ce que vous avez demandé, arrêtez-vous. Arrêtez en plein dedans, peu importe ce que c'est. Vous n'avez qu'une chose à faire : *arrêter.*

Fermez les yeux un tout petit moment et dites intérieurement : « Merci, Dieu. »

Respirez profondément et dites ensuite :

« Merci pour ce cadeau et pour le trésor qu'il me réserve. »

Soyez *assuré* qu'il détient un trésor, même si vous ne le voyez pas déjà. La vie vous le prouvera, si vous lui en donnez la chance.

* * * * *

Lorsque la gratitude remplace le jugement, la paix s'étend à tout votre corps, la douceur étreint votre âme, la sagesse remplit votre esprit. Que la gratitude remplace le jugement, et toute votre expérience de la vie changera pour le mieux, en cinq secondes.

En cinq secondes.

Car tout est dans l'attitude. Celle-ci corrige votre trajectoire de vie lorsque vous vous êtes écarté de la Voie. L'attitude, c'est la carte de l'Esprit. C'est le GPS du cerveau.

Une attitude négative vous enverra sur la route du malheur. Il n'y a pas moyen de l'éviter. Cela se produira à coup sûr, peu importe le problème. Une attitude positive vous remettra sur la

Voie de la paix intérieure et du bonheur. Encore là, il n'y a pas moyen de l'éviter. Cela se produira inévitablement, peu importe le problème.

Cependant, comment peut-on passer à la gratitude lorsque les circonstances ou les situations qui se présentent sont absolument misérables et désolantes – ou même menaçantes pour la vie ?

En sachant que chaque moment de la vie est pour vous une occasion unique de reconnaître en votre for intérieur, d'exprimer et de ressentir la Divinité présente en vous.

Pour clarifier cela, il ne suffit pas d'annoncer l'existence de l'Énergie d'attraction. Il faut l'*expliquer*, pas seulement la *révéler*.

Chapitre douze

Pourquoi la vie devient contraire

Le « choix commis par inadvertance » n'est qu'un aspect peu connu de la Création personnelle, qui peut faire croire à certaines gens que celle-ci ne fonctionne pas. Il y a aussi la Loi des contraires, que les gens connaissent encore moins et qui entraîne le même effet que le choix commis par inadvertance, mais pour une raison différente.

La Loi des contraires est le deuxième des cinq grands Principes de vie ; elle fonctionne en parfaite harmonie avec l'Énergie d'attraction. Selon ce principe, dès que nous attirons une chose dans notre réalité, son contraire exact apparaît aussi – et toujours *en premier*.

Bon, qu'est-ce que c'est que ça ? Qu'est-ce que je dis là ?

Je dis que dès que vous choisissez quoi que ce soit – n'importe quel résultat, qu'il s'agisse d'un objet ou d'une expérience –, son *contraire exact* arrivera dans votre vie d'une façon ou d'une autre. Il peut se présenter à quelque endroit distant ou surgir droit devant vos yeux, mais il sera là, absolument.

Il est *nécessaire* que le « contraire » de ce que vous choisissez crée avec l'Énergie d'Attraction pour apparaître, car *la vie ne se vit pas dans le vide*. Il faut installer un *contexte* dans lequel vous pouvez faire l'expérience de ce que vous avez choisi.

Parce que peu de gens savent cela, on peut facilement former des pensées négatives alors même que l'univers s'apprêtait à placer devant nous tout ce que notre cœur désire.

On ne voit pas alors que l'apparition du contraire est un signe sûr et certain qu'on est sur la bonne voie, qu'on se dirige vers l'objectif choisi. On voit plutôt ce contraire comme un obstacle, un blocage.

On a l'impression d'être coincé, alors qu'en fait on se trouve à une entrée. Seul le *discernement* nous permettrait d'en connaître la différence. C'est alors qu'intervient le Don de sagesse (nous l'explorerons dans un instant).

* * * * *

La Loi des contraires est basée sur *le principe fondamental et fondateur de toute vie* : « Faute de ce que vous n'êtes pas, ce que vous êtes n'est pas. »

Je sais, je sais, ce n'est pas une phrase très limpide. Permettez-moi de l'expliquer. Supposons, à des fins d'illustration, que vous vouliez faire l'expérience de vous-même en tant que « la lumière ». (Beaucoup de gens, d'ailleurs, ont vraiment choisi cela. Ils veulent être la Lumière – et par conséquent l'apporter peu importe où ils sont, où ils apparaissent.)

Imaginons donc qu'il n'y ait rien d'autre que la Lumière autour de vous – en fait, qu'il n'existe *que* la Lumière. Dans ce cas, cela vous empêcherait de faire l'expérience de vous-même *en tant que* la Lumière. Vous pouvez vous « connaître » en tant que telle, mais vous ne pouvez « faire l'expérience » de vous-même en tant que telle.

(Il y a une différence entre la connaissance et l'expérience, et l'âme aspire à *faire l'expérience de ce qu'elle connaît d'elle-même.*)

Il n'y a qu'une façon de faire l'expérience de soi en tant que la Lumière, et c'est dans l'obscurité. Mais rappelez-vous : dans cet exemple, il n'y a *pas* d'« obscurité ». Dans cette illustration, il n'y a que la Lumière. *Vous devez donc créer l'obscurité.* Vous devez *l'invoquer.* Et vous le ferez.

* * * * *

C'est la Loi des contraires qui vous en donne l'occasion. Mais si vous voyez le contraire comme une opposition, non comme une ouverture, vous ne trouverez pas qu'il vous donne de la puissance, mais vous en enlève. Vous tomberez dans la pensée négative, sans comprendre que vous-même avez utilisé l'Énergie d'attraction pour vous attirer l'obscurité aussi bien que la lumière (ce que vous qualifieriez de résultats « négatifs » et de résultats « positifs ») afin de *faire pleinement l'expérience* des résultats positifs que vous êtes en train de créer.

Il y a de la puissance dans les contraires, et c'est de cette manière complexe que fonctionne l'attraction relativement à tous les grands Principes de vie. Ces principes fonctionnent de concert ; ils tournent comme un mécanisme parfait – *le mécanisme de la Manifestation* –, tels les rouages d'une montre finement réglée.

Que faire alors lorsque la Loi des contraires semble écraser la Création personnelle au lieu de l'appuyer ?

Comprenez bien ce qui se passe.

* * * * *

Essayez de considérer l'apparition du « contraire » comme la première indication du fonctionnement impeccable de la Création personnelle. Rappelez-vous que la *première étape* de quelque création que ce soit consiste à établir *un contexte propice à cette expérience.* Ne résistez pas au contraire de ce dont vous voulez faire l'expérience. Accueillez-le, plutôt. Regardez-le bien et voyez-le pour ce qu'il est.

Ce à quoi on résiste persiste. Car en y accordant sans cesse de l'attention négative, on continue de le placer devant soi. On ne peut résister à ce qui n'est pas là. Lorsqu'on résiste à une chose, on la met devant soi. En focalisant une énergie de colère ou de frustration, on lui accorde en réalité plus de vie.

Voilà pourquoi tous les grands maîtres nous ont pressés de « ne pas résister au mal ». Ne *luttez* pas contre ce qui est contraire au désir que vous avez énoncé, ou au résultat que vous préférez. Allez-y plutôt de manière détendue.

Je sais que cela peut paraître étrange, mais je vous le garantis, ça fonctionne. Ne devenez pas rigide et tendu, prêt à vous *battre. Ne vous opposez jamais à ce qui s'oppose à vous.* Ne vous opposez pas, composez.

Comprenez-vous ? Rappelez-vous toujours cette petite règle :

Ne vous opposez pas, composez.

Composez votre idée originale de la façon dont vous voulez que la vie apparaisse. Et calmez-vous, pendant que vous y êtes. Partez d'un espace d'assurance détendue, dans la certitude que la vie fonctionne parfaitement. Mais ne confondez pas la détente avec l'acceptation.

« Ne pas résister au mal » ne veut pas dire ne pas tenter de changer ce qui existe et que vous ne choisissez pas. Changer quelque chose, ce n'est pas y résister, mais choisir à nouveau. Le changement n'est pas la résistance, mais la modification. Modifier n'est pas résister, mais plutôt poursuivre la Création personnelle.

La modification est une création. La résistance est la fin de la création. Elle maintient fermement en place l'ancienne création. Voyez-vous ?

À chaque instant de difficulté et de défi de votre vie, vous avez le choix : l'opposition ou la composition. Je répète : vous pouvez soit vous opposer à ce que vous êtes en train de vivre, soit composer ce que vous avez choisi.

Composez ce que vous avez choisi.

À présent, grâce à la Loi des contraires, vous avez un contexte dans lequel en faire l'expérience. Et c'est pour vous le plus grand cadeau de l'univers. C'est un aspect important et rarement expliqué de la « formule mystère » de la vie. Il y a davantage.

CHAPITRE TREIZE

Comment sortir du piège de la négativité

Quand l'Énergie d'attraction réagit à la Loi des contraires, le Don de sagesse peut servir à ajouter le *discernement* à l'expérience.

Selon ce principe : « Toute sagesse est présente en vous. Vous n'avez pas été mis sur la Terre par un Dieu impitoyable qui a choisi de ne pas vous donner la sagesse de savoir comment fonctionner dans ce milieu. Bien au contraire, vous avez été placé ici pour vous servir de cet environnement en vue d'atteindre le but pour lequel vous êtes venu – le but de la Vie même –, et vous avez reçu la sagesse de comprendre à la fois le but *et la façon de l'atteindre.* »

Faites appel à cette sagesse à chaque moment et en tout lieu où vous sentez le besoin d'être guidé par elle. Elle sera là. La sagesse est un outil qui est offert à tous les êtres vivants. Le Don de sagesse vous donne le discernement. C'est ce qui vous permet de voir que toutes ces expériences négatives VOUS ont été apportées par VOUS, lors de l'élaboration d'un Champ contextuel conforme à votre choix et au sein duquel vous pouvez faire l'expérience de vous-même et de votre monde.

Souvent, ce « travail » s'effectue sur un plan subconscient ou superconscient. Vous pouvez donc ne pas en avoir conscience. Le Don de sagesse vous permet d'être conscient, d'émerger du nuage de l'Inconnaissance, de traverser avec clarté le Champ contextuel qui est la vie qui vous entoure, et d'invoquer l'Énergie d'attraction *à l'intérieur* de ce Champ contextuel, en focalisant invariablement et précisément sur ce que vous choisissez maintenant et en reconnaissant que toutes les conditions contraires sont aussi vos créations et qu'elles créent une ouverture, non une opposition.

Les maîtres nous ont dit : « Ne jugez pas d'après les apparences. » C'est ce qu'ils voulaient dire. Le discernement vous permet de voir les choses telles qu'elles sont vraiment et de ne pas être en proie à Satan (qui signifie « tout voir sous un angle négatif[1] »).

Le Don de sagesse vous permet de savoir que sur la voie de la vie, vous pouvez vous attendre à ce que certaines personnes appellent « l'échec » en cours de route.

* * * * *

« Plus vous avancez, nous dit Helena Petrovna Blavatsky, plus vos pieds rencontreront d'embûches. La Voie n'est éclairée que par une seule flamme : la lumière de l'audace qui brûle dans le cœur. Plus on ose, plus on reçoit. Plus on craint, plus cette lumière pâlit. »

L'important est de considérer « l'échec » pour ce qu'il est. Non pas comme un échec, mais comme une ouverture.

J'aime ce que dit Joseph Sugarman à ce propos :

> « Peu de gens sont prêts à donner une deuxième chance à l'échec. Ils échouent une fois, et c'est fini. L'amère pilule de l'échec est souvent plus que ce que la plupart des gens peuvent supporter. Si vous êtes prêt à accepter l'échec et à en tirer des leçons, si vous êtes prêt à considérer qu'un bienfait se cache dans l'échec, et à

1. En anglais, *Seeing Any Thing As Negative* (NDT).

rebondir, vous avez le potentiel de harnacher l'une des forces de réussite les plus puissantes.

« Tout problème dissimule en lui une occasion si forte qu'elle éclipse littéralement le problème. Les plus grands récits de réussite ont été créés par des gens qui ont reconnu un problème et l'ont changé en possibilité. »

Voilà ce que j'entends par utiliser vraiment le Don de sagesse, s'ouvrir au discernement et se permettre de voir la différence entre les apparences et la réalité, en remarquant que ce qui semble négatif est en fait positif.

La Sagesse véritable nous amène à comprendre une chose assez extraordinaire sur la vie sous la forme physique : toute la physicalité est une illusion.

Conversations avec Dieu l'affirme à maintes reprises, et si c'est vrai, nous devons savoir l'affronter.

Dieu déclare que nous sommes tels des magiciens qui ont oublié leurs propres tours. Comme Alice, nous vivons dans un pays des merveilles où nous jurons que « ça », c'est « autre chose », et qu'« autre chose », c'est « ça ». Mais le fait de vivre dans l'illusion rend nos vies très passionnantes, et leurs possibilités, infinies. Car ce n'est que dans le fantasme que nous pouvons obtenir tout ce que nous voulons, faire comme il nous plaît, et créer tout ce que nous désirons.

Lewis Carroll a écrit ceci :

« Inutile d'essayer, dit Alice, on ne peut pas croire en des choses impossibles.

– Je suppose que tu manques d'entraînement, dit la Reine. Il m'arrive de croire six choses impossibles avant le petit déjeuner! »

L'astuce, dans tout cela, c'est bien sûr de savoir comment vivre *avec* l'illusion, non *dans* celle-ci. Ou, comme le dit la Bible, d'être « en ce monde, sans en faire partie ». Il existe une façon d'y parvenir, et le livre *Communion avec Dieu* nous la donne sous la forme du processus triadique de Création de la réalité.

Voici ce que dit *Communion avec Dieu* :

« Le Maître, tout comme le disciple aspirant à la maîtrise, *sait* que les Illusions sont des illusions ; il choisit leur raison d'être, puis crée consciemment ce qui sera ensuite vécu dans les limites du soi, grâce aux Illusions. »

Devant toute expérience de vie, il y a une formule, un processus grâce auquel vous aussi pouvez vous rapprocher de la maîtrise. Faites tout simplement l'affirmation suivante :

1. Rien, en ce monde, n'est réel.

2. Tout a le sens que je lui donne.

3. Je suis qui je dis être, et mon expérience est ce que j'en dis.

C'est ainsi qu'on travaille avec les illusions de la vie. La première étape du processus en triade est, pour bien des gens, la plus difficile. Elle proclame que tout ce que nous regardons, tout ce dont nous faisons l'expérience, est irréel. Rien n'est vraiment tel que nous l'imaginons. Cela *ne veut pas dire que cela n'existe pas.* Ce que cela signifie *vraiment*, c'est que ce n'est pas « réel ». Que ce n'est pas « vraiment » ce que ça « semble être » ni ce que nous supposons. Pour un meilleur aperçu de ce phénomène, je vous suggère de lire *L'Univers est un hologramme*, de Michael Talbot. Ce livre extraordinaire contient des révélations, d'un point de vue scientifique, sur le monde d'illusions dans lequel nous vivons.

L'affirmation « rien n'est réel en ce monde » est fondée sur la physique quantique, mais c'est plus qu'une observation scientiste. C'est aussi une vérité psychologique et spirituelle. (Un aspect profondément spirituel de cette idée se trouve dans *Un Cours en miracles* : « Rien de ce que je vois ne signifie quoi que ce soit. ») Prendre conscience de cette vérité peut avoir un effet de guérison – surtout en période de trouble ou de stress.

Si vous croyez à la réalité de votre expérience en période de difficulté, vous la rendrez littéralement réelle, dans la mesure de son effet sur votre vie. Si, au contraire, vous savez qu'elle est irréelle et que son effet n'est qu'une invention de votre part dépourvue de consistance, vous pouvez faire *disparaître* cet effet en un instant.

Selon *Conversations avec Dieu*, ce à quoi on résiste persiste et ce qu'on regarde disparaît – c'est-à-dire perd sa forme illusoire.

Eh bien, si cela vous semble compatible avec le message du film de science-fiction *La Matrice*, vous avez absolument raison. Rappelez-vous : dans ce film, les personnages habitent un monde illusoire créé par leurs pensées, et le personnage principal, Néo, est devenu une sorte de « dieu » parmi les hommes, en s'entraînant mentalement à résister à l'apparence des choses (par exemple, des projectiles tirés dans sa direction) et à nier leur réalité.

En niant au sens propre la réalité de tout ce qui vous arrive et que vous ne voulez pas voir arriver, vous allez, à tout le moins, en réduire les effets négatifs. Norman Vincent Peale, un ministre chrétien populaire des années 1940 et 50, a souligné cela dans un livre extraordinaire publié il y a cinquante ans, *La Puissance de la pensée positive*, tout comme James Allen dans son classique *L'Homme est le reflet de ses pensées.*

Bien sûr, le maître Jésus l'a dit d'une manière directe et parfaite : « Il vous sera fait selon ce que vous croyez. »

La première étape du processus en triade consiste donc à nier que quoi que ce soit ait un effet réel sur vous, autant ce qu'on appelle le « bien » que ce qu'on appelle le « mal ». Mais à quoi servirait de nier les effets prétendument « bons » ? demanderez-vous.

La réponse est la suivante : si vous considérez attentivement votre plus grande joie et que vous la nommez illusion, vous ne vous y attachez pas profondément. Vous pouvez toujours la goûter, sans être accroché d'une façon infernale à une manière particulière de jouir de la vie.

C'est la dépendance – envers les gens, les lieux et les choses – qui remplace la paix par l'agitation, la joie par le chagrin, le plaisir par la douleur, le bonheur par la peine. Cela n'a jamais été plus clairement décrit que dans le livre très pénétrant de Ken Keyes Jr, *Manuel pour une conscience supérieure.* Cet ouvrage, écrit par un paraplégique qui a passé son existence en fauteuil roulant, a changé ma vie à jamais. Selon lui, on peut s'estimer dépendant d'une personne, d'un lieu ou d'une expérience si l'absence de cette personne, de ce lieu ou de cette expérience nous conduit à la perte de notre bonheur.

Publié il y a des années, *Manuel pour une conscience supérieure* est encore disponible. Il enseigne comment élever des « dépendances » au rang de « préférences », et c'est pour moi l'un des livres les plus extraordinairement pénétrants jamais écrits sur le bonheur humain.

Il est important de noter qu'en niant l'ultime réalité de tout ce que nous pensons, disons et voyons, nous ne l'écartons pas nécessairement. Nous ne faisons que recadrer notre expérience en nous rappelant que ce que nous regardons est une illusion. C'est alors seulement que nous pouvons nous donner le pouvoir de laisser l'illusion se poursuivre, ou d'y mettre fin.

Tant que nous croirons à la réalité de notre expérience, nous nous imaginerons n'avoir aucun pouvoir d'en changer l'effet sur nous. Nous nous sentirons impuissants devant la Vie même, uniquement portés par l'expérience, constamment relégués du côté de son effet.

Nier l'ultime réalité de tout ce qu'on voit est donc un outil extrêmement puissant et important du processus de Création personnelle.

Nous voilà prêts pour l'étape 2. Si rien de ce que je vois n'est réel, quel sens donner à quoi que ce soit ? C'est là une tout autre question, très bonne et très juste, et la réponse est *tout a le sens qu'on lui donne.* Cette deuxième étape nous fournit les rênes de notre expérience. Vous n'avez peut-être pas changé toute votre réalité extérieure, mais rappelez-vous : c'est *l'expérience* que nous en faisons que nous sommes à même de changer.

Vous seul décidez de ce qu'une chose signifie pour vous. Vous seul déterminez ce qui importe ou non, ce qui est « bon » ou « mauvais », ce qui est « bien » et ce qui est « mal ». Vous seul déterminez si vous réagissez positivement ou négativement à quelque chose – ou même si vous n'avez aucune réaction. Vous avez l'entière maîtrise de vos émotions. Vos sentiments sont ceux que vous voulez.

« Ce n'est pas vrai ! protesterez-vous. Ce n'est pas que je veuille me sentir mal, mais je me sens mal, tout simplement. » Ce n'est pourtant pas le cas, et plus tôt vous le comprendrez, plus tôt vous passerez à la maîtrise de votre vie quotidienne. Vous *voulez* vous sentir mal, sinon cela ne se produirait pas. L'essentiel est de bien examiner ce moment pour voir *pourquoi* vous voulez vous sentir mal. La réponse à cette question débloque tout.

Je le répète : *vous seul* déterminez le sens d'une chose pour vous ainsi que votre façon d'y réagir. Mais c'est une décision que la plupart des gens prennent à partir de leurs sentiments, de leurs expériences, de leurs idées et de leurs désirs du passé, ou de leurs peurs, de leurs appréhensions, de leurs souhaits et de leurs désirs quant à l'avenir.

Rien de cela n'est relié à ce qui se passe ici, maintenant.

La solution, comme Eckhart Tolle l'exprime si clairement et si brillamment dans *Le Pouvoir du moment présent* [Éditions Ariane, 2000], consiste à *rester dans l'instant.* Ne vous projetez ni dans l'avenir ni dans le passé. J'en suis venu à voir la véritable puissance de cette vérité dans ma propre vie.

Quand je « vois à partir d'hier », je superpose souvent sur des événements en cours des significations qui ne leur sont pas inhérentes, mais que j'y ai déposées à partir de ce que j'en ai déjà pensé – ou d'une chose qui leur ressemble – et qui vient de mon passé. (Une visite chez le dentiste est sans doute un bon exemple.)

Quand je « vois à partir de demain », je superpose sur les événements d'aujourd'hui un futur imaginaire (et habituellement une peur imaginaire). Ces réalités futures ne se réaliseront peut-être jamais (en fait, ma vie démontre que c'est rarement le cas), mais souvent elles anéantissent toutes mes chances de profiter au maximum de l'expérience du moment.

Ce n'est qu'en *sortant* de mon passé et en me distanciant de mon avenir que je peux faire l'expérience véritable de ce qui est en train de se passer, maintenant, dans ce seul contexte : ce qui est en train de se dérouler *dans l'instant présent.* Ainsi dégagé des interprétations du passé et du futur, je peux donner à cet événement *l'interprétation que je désire.*

Cela a été la grande leçon libératrice de ma vie. En apprenant cela, j'ai enfin compris que *mon expérience de tout événement a lieu dans mon esprit.* Devant les événements, je peux choisir d'être tout ce que je veux. Je peux me sentir « bien » ou « mal ». Je peux être « heureux » ou « malheureux », « optimiste » ou « craintif », « puissant » ou « impuissant », « complet » ou « incomplet », « anéanti » ou « rallumé ».

La décision m'appartient entièrement. Tout a le sens que je lui donne.

À la troisième étape du processus en triade de la Création personnelle, je décide que je suis qui je dis être et que mon expérience est ce que j'en dis. Cela peut donner l'impression de tourner en rond, mais c'est là une folie contrôlée.

J'ai le vif souvenir d'une femme qui, un jour, a pris la parole à l'une de nos retraites de la fondation ReCreating Yourself. Durant son enfance, elle avait subi des sévices sexuels dont elle parlait ce jour-là avec grand calme. Elle parlait aussi d'un groupe de soutien pour femmes auquel elle avait participé régulièrement et se rappelait que, lorsqu'elle avait raconté son expérience à ce groupe, les membres avaient élevé la voix avec inquiétude. « Tu devrais être furieuse à propos de ça! lui ont-ils dit. Comment peux-tu en parler aussi calmement ? »

« Eh bien, leur a-t-elle répondu, c'était il y a longtemps. Et puis, je comprends pourquoi il a fait cela et je lui ai pardonné. Alors, je ne suis plus en colère. »

« Plus en colère! ont-ils protesté. Comment peux-tu ne plus l'être ? Ne sais-tu pas ce qui t'est arrivé ? » Puis ils ont ajouté qu'elle avait apparemment « sublimé » ses sentiments et enfoui sa rage, et qu'elle était plus en colère qu'elle ne le croyait. « Une bombe à retardement ambulante », l'ont-ils surnommée. Le seul problème, c'était qu'elle ne se sentait pas ainsi. Son expérience correspondait à ses paroles, et elle ne voulait plus « gober » ce que les membres de son groupe voulaient qu'elle ressente. Je n'ai jamais oublié cet exemple de Création personnelle.

L'expérience extérieure de cette femme n'était pas différente de celle de nombreuses autres qui ont subi de mauvais traitements durant leur enfance, mais son expérience *intérieure* était remarquablement différente. Elle a tout simplement choisi de considérer l'expérience autrement.

Lorsque survient quelque chose de cinglé ou d'indésirable dans ma propre vie, je ne me demande jamais : « Bon sang, est-ce qu'il fallait que *ça* arrive ? » Je me demande plutôt : « Si je pouvais donner une raison à ça, qu'est-ce que ça pourrait être ? »

J'assigne une raison à tout, au lieu d'en chercher une. Et je décide comment je vais me sentir à propos des choses, au lieu de voir comment je me sens. Et je choisis très délibérément mes réactions à tout, au lieu de les observer à partir de la ligne de touche, comme si je n'étais pas le joueur principal de ma vie.

Le processus en triade de la Création personnelle est ce que je qualifie de processus de volte-face. C'est l'un de ces enseignements qui, une fois intériorisés et utilisés, peuvent transformer une vie entière.

Chapitre quatorze

La vie est une aventure extraordinaire

Après avoir utilisé le Don de sagesse pour voir ce qui s'oppose à vous (rien) et ce qui vous invite (tout), vous pouvez appliquer la Joie de l'émerveillement. Cette formule dit ceci :

« Tout est rempli de merveilles, car la merveille est la nature de Dieu, l'essence de la Divinité, et votre état d'être naturel. Entrez dans la merveille que vous êtes, et à partir de cet émerveillement, imaginez votre avenir, votre vie et votre réalité collective dans la version la plus grandiose de votre plus grande vision de Qui Vous Êtes. Ce faisant, vous répandez la merveille parmi tout votre monde et vous accomplissez le but de votre venue en ce monde. »

La Joie de l'émerveillement vous donne de l'imagination et vous permet de prendre tout ce que vous vous êtes attiré au moyen de l'Énergie d'attraction et de la Loi des contraires, et de vous en donner l'expérience, de toutes les façons créatives que seule une riche imagination peut faire apparaître.

* * * * *

La vie devient une aventure extraordinaire lorsque vous utilisez l'Énergie d'attraction, la Loi des contraires, le Don de sagesse et la Joie de l'émerveillement pour magnétiser, contextualiser, discerner et choisir l'expérience que vous voulez ici, maintenant.

Le résultat, c'est votre vie sur la Terre, telle qu'elle se crée à présent. Si vous n'aimez aucun aspect de ce que vous avez créé, individuellement ou collectivement, vous pouvez le recréer à nouveau… à partir de la version la plus grandiose de la plus grande vision que vous ayez jamais entretenue à propos de Qui Vous Êtes.

Plus la création est grande, plus il faut de puissance pour la modifier. S'il s'agit de votre faim, vous pouvez modifier cette création de manière relativement aisée. S'il s'agit de la faim dans le monde, il faudra une plus grande puissance (soit un plus grand nombre d'entre *vous*) pour modifier la création, pour la recréer de nouveau.

Jusqu'ici, la plupart des humains ont refusé de le faire. Ces conditions mondiales désavantageuses, et bien d'autres, existent non pas parce qu'elles ne peuvent être changées, mais faute de volonté collective.

Vouloir, c'est pouvoir.

Que des conditions négatives aient prévalu dans les vies collectives de l'humanité ou dans votre propre vie d'individu, vous n'avez pas à vous sentir éternellement découragé.

Chapitre quinze

Ne vous en faites pas, vous avez l'éternité

Après avoir invoqué la Joie de l'émerveillement et vous avoir permis d'exprimer la vie comme vous l'avez fait, vous trouverez peut-être avantage à observer et à honorer la Présence des cycles.

Ce cinquième grand Principe de vie s'énonce ainsi : « Toute la vie obéit à des cycles. Il n'y a pas de ligne droite dans l'univers. Tout finit par se recourber. La ligne peut avoir des trilliards de kilomètres de longueur – ou être incalculablement *plus longue* –, tout finit par se rencontrer. Le mouvement de l'énergie et de la masse qui entoure cet ovale crée l'expérience de ce qu'on peut appeler l'Infini. En d'autres mots, vous avez l'éternité pour faire l'expérience que vous voulez de Qui Vous Êtes, individuellement et collectivement. »

Tout tourbillonne dans la vie. C'est un cycle sans commencement ni fin. Tout existe « comme il était au commencement, maintenant et à jamais, dans les siècles des siècles ». La Présence des cycles vous fait don de l'éternité.

* * * * *

Est-ce à dire qu'il n'y a aucune raison de changer les conditions actuelles ? Oui et non. Il n'y a aucune raison si vous êtes satisfait de votre expérience de la vie, la vôtre et celle qui vous entoure, si la vie vous représente fidèlement, vous et votre idée la plus élevée de vous-même.

Si, par contre, vous n'êtes pas satisfait et que vous voulez utiliser cette vie dans le but pour lequel elle était conçue, vous pouvez choisir d'en modifier les conditions individuelles et collectives.

À vous de jouer. Ce que vous faites ici, au cours de votre vie terrestre, est très sacré, très audacieux. Vous êtes en train de vous définir, puis de vous recréer à nouveau, à chaque instant d'or du présent.

Chaque geste est un acte d'autodéfinition.

Cela comprend le fait de ne rien faire…

* * * * *

Je voudrais revenir sur certaines affirmations antérieures avant qu'on ne les oublie sans les avoir pleinement expliquées.

J'ai d'abord affirmé que lorsqu'on utilise le processus de Création personnelle et qu'on le trouve inefficace, décevant et décourageant, c'est parce qu'on n'utilise pas l'« attraction », qui alimente le processus de Création, dans le but auquel elle était destinée. J'ai ensuite dit que la Création avait pour but de créer une vie heureuse, paisible, joyeuse pour tous ceux dont vous touchez la vie, et pour vous, dans cet ordre.

Finalement, j'ai dit que ces trois derniers mots allaient changer à jamais votre compréhension de la Création personnelle.

Tel est l'aspect le plus important de la Création personnelle, et c'est celui dont on parle le moins.

Parce qu'on en parle si peu, les critiques de la Création personnelle et de l'« attraction » ont abondamment suggéré que celles-ci encouragent un comportement égoïste et égocentrique, intéressé et autoglorificateur, sans grand rapport avec la bonté ou la Divinité.

Mais le *but* de l'« attraction » (et de tous les grands Principes de vie) est d'élever non pas le Soi, mais l'Autre, de développer non pas le Soi, mais l'Autre, d'enrichir non pas le Soi, mais l'Autre – car c'est en cela que le Soi est le plus pleinement élevé, élargi, enrichi et ressenti.

(C'est à cette expérience intégrale du Soi que l'âme aspire. C'est en fait le but de toute vie.)

Parmi ceux qui enseignent actuellement la Création personnelle, beaucoup n'insistent pas sur cette attention envers l'Autre, mais tous les maîtres spirituels anciens l'ont fait – *et c'est pourquoi on a parfois l'impression que la Création personnelle et l'Énergie d'attraction ne sont pas à l'unisson de l'enseignement religieux traditionnel.*

* * * * *

En réalité, il n'y a que deux questions fondamentales à se poser dans la vie :

1. Que puis-je donner à un autre ?
2. Que puis-je me donner à moi ?

Il est important de *ne jamais inverser l'ordre des questions.* Il est bien de vous demander ce que vous pouvez vous donner à vous-même. Très bien, en fait. L'ambition personnelle, le bonheur personnel, la plénitude personnelle et le développement spirituel personnel entretiennent le feu du désir, de l'envie et de l'accomplissement. Ce sont les pierres d'assise de l'évolution. Il est très naturel et pas du tout inopportun, spirituellement, de rechercher tel résultat, ou de désirer telle expérience sur le plan personnel – y compris celle de la richesse, de la célébrité et de la puissance. Celles-ci font partie des dons de la vie, des joies de l'être humain, et il n'y a rien de mal à cela. Mais le processus par lequel nous cherchons à les atteindre est important.

De toute évidence, atteindre ces choses aux dépens des autres n'est pas un signe d'évolution spirituelle. Ce qui est moins évident, c'est que les atteindre en ignorant les autres et leurs besoins est la façon la plus difficile d'arriver à destination. C'est la voie la plus tortueuse, la route la plus lente, la plus ardue.

L'Énergie d'attraction est toujours plus rapide lorsque nous posons ces deux questions fondamentales de la vie dans leur ordre initial. Lorsqu'on les garde dans cet ordre, la première répond toujours à la seconde.

Cet aspect de la Création personnelle est énoncé d'une autre manière, peut-être plus directe, dans la série *Conversations avec Dieu* [ou *CAD*]. C'est sur ces livres que la présente information est fondée. Comme certains d'entre vous le savent peut-être, je suis l'auteur de ces textes qui ont changé toute ma compréhension de la vie et de son fonctionnement. Ils renferment la « formule mystère », la Vérité cachée.

Au début du dialogue de CAD, je voulais désespérément savoir que faire pour que la vie fonctionne, pourquoi il fallait que ma vie soit un combat perpétuel. Dans ma tête, je m'écriais : « Quelqu'un, donnez-moi seulement les règles! Je vais jouer, je le promets. Donnez-moi seulement le Livre des règles. »

C'est exactement ce que Dieu a fait dans les neuf volumes d'extraordinaires dialogues qui ont suivi. Et en réponse aux questions ci-dessus, Dieu a dit (je paraphrase, pour résumer) :

« Ta vie n'a *pas* à être un combat perpétuel. Le problème est simple. Tu crois que ta vie ne concerne que toi, mais ta vie ne te concerne pas. »

« Ah non ? », ai-je demandé.

« Non », a répondu Dieu.

« Eh bien, alors, qui peut-elle bien concerner ? »

« *Chacun* en ce monde. »

Chapitre seize

Et voici la Vérité cachée

Cette petite affirmation – « Ta vie ne te concerne pas » – a changé ma vie. Elle a tout renversé sens dessus dessous. Ou plutôt, sens dessus *dessus.* Je n'étais pas ici à mon service, me disait-on. J'étais ici au service des autres. C'était en me perdant que j'allais me trouver. Et en donnant, que j'allais recevoir.

Cela m'a immédiatement paru familier. D'ailleurs, on aurait dit une doctrine chrétienne standard, l'enseignement de base de toutes les grandes religions du monde.

C'est bien ce qu'enseignent les religions, mais il y a une chose que la plupart n'incluent pas dans cet enseignement. Elles ne disent pas *pourquoi* cet enseignement est vrai, *pourquoi* ce processus fonctionne. *Elles n'expliquent pas la Création personnelle.*

* * * * *

Grâce à mes conversations avec Dieu, tout cela devenait clair pour moi. Ce processus fonctionne, et c'est la façon la plus rapide d'atteindre son but, me disait Dieu, « car tu es le Seul Ici ».

Je ne comprenais pas. J'ai dit quelque chose comme :

« Quoi ? »

Dieu a expliqué :

« Toutes les choses ne font qu'une. Il n'y a qu'une seule chose, et toutes les choses font partie de la seule chose qui soit.

« Par conséquent, ce que tu fais pour un autre, tu le fais pour toi-même, et ce que tu négliges de faire pour un autre, tu négliges de le faire pour toi-même. »

L'inverse est aussi vrai. Ce que tu fais pour toi-même, tu le fais pour un autre, et ce que tu négliges de faire pour toi-même, tu négliges de le faire pour un autre. (C'est pourquoi on a si souvent répété : « Si tu ne peux t'aimer, tu ne peux aimer quelqu'un d'autre. »)

Mais voici maintenant une *immense* part de la « formule mystère » du fonctionnement de la vie. Voici maintenant…

L'Effet multiplicateur

* * * * *

En focalisant sur vous-même, vous limitez la quantité d'énergie que vous déployez, *car vous n'êtes qu'un.* Mais en focalisant sur les autres, vous *multipliez* la quantité d'énergie que vous déployez par le nombre des autres avec qui vous le faites.

Voilà une chose que personne ne m'a jamais expliquée. Maintenant que je la vois, elle me semble parfaitement juste. Si tout est énergie (comme c'est le cas), et si l'énergie est créatrice (comme c'est le cas), alors plus vous utilisez d'énergie, plus vous créez rapidement et magnifiquement! Et tout ce que vous créez, vous en faites l'expérience. Car, en définitive, toutes les choses qui viennent de vous vous reviennent. Et *ça*, c'est parce qu'il n'y a « personne d'autre ici ». Il n'y a que vous, sous des formes multiples. Le tout premier principe spirituel révélé dans les *Conversations avec Dieu*, c'est : « Nous ne faisons tous qu'un. »

* * * * *

Avant de comprendre cela et de commencer à travailler à guérir tous les autres, j'ai mis du temps à me guérir – car si une partie de moi n'était pas guérie, comment pouvais-je l'être complètement ? Avant de comprendre cela et de choisir véritablement d'aimer tous les autres, j'ai mis du temps à être aimé – car si une partie de moi n'était pas aimée, comment pouvais-je l'être complètement ? Avant de comprendre cela et de chercher sincèrement à me rappeler que tous les autres sont Qui Ils Sont Vraiment, j'ai mis du temps à me rappeler Qui Je Suis Vraiment – car si une partie de moi ne se le rappelait pas, comment pouvais-je me le rappeler complètement ?

Il faut connaître l'Entièreté de Nous pour que toute partie de nous soit entière.

Nous formons un hologramme.

Par conséquent, faites aux autres ce que vous voudriez que l'on vous fasse. Car ce que vous faites aux autres vous est fait – pour la simple raison qu'*il n'y a personne d'« autre »*. Il n'y a que vous.

Vous êtes un Aspect individualisé de la Divinité même.

Et cela, on ne l'a pas dit très fort ni très souvent, car c'est l'ultime blasphème.

On craint qu'en le disant trop fort et trop souvent, certains n'acceptent plus la Création personnelle. Car la vérité que l'humanité a trouvé le plus difficile à accepter est la seule qui la libérerait à jamais.

Telle est la Vérité cachée :

Dieu et nous ne faisons qu'un.

CHAPITRE DIX-SEPT

Ne vous souciez pas de vous-même

La Vérité cachée conteste directement l'idée que la plupart des gens se font d'eux-mêmes – sans parler de celle qu'ils se font de Dieu. Elle est également *essentielle* au déroulement des événements. Elle concerne avant tout la façon dont la réalité devient réalité.

Pour comprendre (sans parler d'enseigner) le processus de Création personnelle, il faut beaucoup parler de Dieu. On a également avantage à beaucoup parler *à* Dieu.

Je l'ai fait dans mes conversations avec Dieu, et ce que je vais dire dans ce chapitre se trouve en partie dans mes livres précédents, qui exposent en détail ces conversations. Si vous avez lu au moins l'un de ces livres, ce qui suit vous sera familier. Soyez indulgent au nom de ceux qui ne les ont pas lus. (Remarquez qu'il n'est pas mauvais de revoir ces révélations.)

Comme je l'ai répété en maintes occasions, beaucoup de messagers qui parlent de la « Loi d'attraction » mentionnent rarement le mot « Dieu ». À mon avis, c'est peut-être parce que certains de ces auteurs et cinéastes croient que si Dieu est la source de l'Énergie d'attraction, cela élimine leur argument principal : que la puissance est en *vous*.

Certains de ces messagers ont clairement déclaré que le grand public s'emballera surtout pour une explication qui met le processus de Création personnelle entre les mains des individus. Donnez aux gens un sentiment de *puissance*, dans certains cas pour la toute première fois, et vous leur faites un grand cadeau.

Je ne suis pas du tout en désaccord. Cependant, je crois que si on n'inclut pas « Dieu » dans le processus de Création personnelle, on sera tenté de penser qu'on est la *seule* puissance à soutenir ce processus – au lieu de croire qu'on est, en partenariat avec Dieu, la puissance *d'âme* qui alimente ce processus. Si on cède à cette tentation, je suis sûr qu'on sera énormément moins efficace dans la manifestation de ce qu'on souhaite créer.

* * * * *

La Création personnelle est pour Dieu le moyen de nous dire : « Ta volonté est pour moi un ordre. »

Beaucoup de gens ont de la difficulté à accepter cela. C'est pour eux une façon très difficile de considérer Dieu. La plupart des gens qui croient en Dieu pensent que Dieu *nous* donne des ordres. Ils ne voient pas que *nous* donnons des ordres à Dieu. Mais Dieu dit *vraiment* à chaque humain : « Ta volonté est pour moi un ordre. »

C'est vrai non pas parce que Dieu est magnanime, mais parce qu'il est omniprésent; non pas en raison de l'incommensurabilité de son amour, mais de l'incommensurabilité de Dieu en soi.

Dieu est si grand qu'il n'y a nulle part où il *ne* se trouve. C'est une autre vérité frappante sur la vie, que beaucoup de gens ne comprennent pas pleinement, et tant de religions ne les y aident pas tout à fait.

Beaucoup d'humains croient que Dieu a des *limites.* Ils croient que Dieu n'est pas en certains lieux et qu'il y a des choses que Dieu ne peut contrôler. Ces deux idées sont fausses.

Examinons d'abord cette histoire de contrôle.

Vous ne pourriez pas soulever le petit doigt si Dieu ne le voulait pas. Par conséquent, tout ce que vous faites – en réalité, tout ce qui est arrivé sur la Terre – fait partie de la Volonté de Dieu, car rien n'en est exclu. Certains disent que ceci ou cela « n'est pas la Volonté de Dieu ». Mais si c'était le cas, comment une chose pourrait-elle se produire ?

Certains disent aussi que Dieu *permet* qu'elle arrive. Mais si Dieu le permet, cela n'en ferait-il pas alors la Volonté de Dieu ? Peut-on dire d'une chose que Dieu permet que Dieu ne veuille pas la *permettre* ? Mais si Dieu le désire, Dieu ne le veut-il pas ? Quelle est la différence entre le « désir » de Dieu et sa « volonté » ?

Tout est la Volonté de Dieu – la preuve, c'est que cela arrive. Ce doit être vrai… à moins que nous soyons vraiment les enfants d'un Dieu inférieur.

* * * * *

Tout comme la puissance de Dieu est sans limites, sa taille l'est aussi. Comme on l'a remarqué, Dieu est *omniprésent*; il est partout. Autrement dit, il n'y a aucun endroit où il ne se trouve.

Nulle part.

Cette idée est révolutionnaire sur le plan théologique. Elle annonce la réalité à jamais présente de Dieu, en tout et partout.

Y compris en vous.

Beaucoup de gens croient que Dieu est partout, mais pas qu'il réside en eux. Ils peuvent le dire par humilité, mais en fait c'est le summum de l'arrogance que d'imaginer que Dieu existe partout dans l'Univers, *sauf en vous.*

Cela ferait de votre corps, votre esprit et votre âme un territoire plutôt exclusif.

Si, par contre, nous acceptons ce que même les religions traditionnelles affirment, à savoir que Dieu est l'alpha et l'oméga, le commencement et la fin, le Grand Tout, alors nous devons nécessairement conclure que Dieu est présent en nous. C'est une grande conclusion, car si c'est exact (et ce l'est), cela soulève une question fort intrigante et significative : *Où* Dieu se trouve-t-il en nous ? Dans notre petit doigt ? Notre gros orteil ? Notre cerveau ? Notre cœur ? Dans notre âme ? Avons-nous même une âme ? Oui.

La réponse : si Dieu est *vraiment* le Grand Tout, l'alpha et l'oméga, il *ne peut* y avoir en nous d'endroit où Dieu ne se trouve *pas.* En fait, il n'y a nulle part en *quoi que ce soit* où Dieu ne se trouve pas. Dieu est partout et se manifeste en tout.

Cela nous ramène à la Vérité cachée. Si Dieu est partout en vous, s'il n'existe aucun endroit en vous où Dieu n'est pas, alors Dieu est *vous.*

Et tout le reste.

Lorsque vous comprendrez cela, vous ne pourrez plus jamais imaginer que la vie « vous » concerne, au sens où « vous » devez être, faire ou avoir quoi que ce soit en particulier pour être heureux. Au sens où vous « avez besoin » de quoi que ce soit, ou vous exigez quoi que ce soit, afin de survivre. Vivre dans cette vérité, c'est avoir beaucoup de difficulté à être « piégé » par les « drames » quotidiens mineurs de l'existence telle que la vivent la plupart des gens sur terre. C'est aussi avoir un point de vue rafraîchissant sur les tragédies et les tourments vraiment majeurs de notre espèce.

* * * * *

Pendant cinquante ans, j'ai vécu une erreur d'identité. Je me croyais séparé de Dieu. Aujourd'hui, je sais que ce n'est pas vrai et que Dieu et moi ne faisons qu'un. Cela ne veut pas dire que « je suis Dieu » au sens arrogant de ces mots. Cela signifie que « je suis ce que Dieu est et que Dieu est ce que je suis », que j'ai *vraiment* été créé à l'image et à la ressemblance de Dieu !

Tout comme vous.

Sur un plan strictement personnel, cela indique que vous n'avez besoin d'absolument rien et que, par conséquent, vous pouvez tout de suite laisser tomber tous vos « drames » quotidiens personnels. Puisque vous *êtes* tout ce que vous pourriez jamais imaginer vouloir ou désirer, pourquoi vous agiter ? Vous désirez l'amour ? Vous *êtes* amour. Vous désirez l'abondance ? Vous *êtes* abondance. Vous désirez la compassion, le pardon, la compréhension ? Vous *êtes* compassion, pardon, compréhension.

Ce n'est peut-être pas votre expérience si vous avez vécu une erreur d'identité, mais la façon la plus rapide d'y arriver, c'est d'être ces choses. Et la manière la plus rapide de le faire, c'est de donner ces choses. Donner, c'est réaliser et multiplier l'avoir ; avoir, c'est faire l'expérience et élargir l'être ; l'être, c'est accueillir et exprimer la connaissance de Qui On Est – et tel est le but de toute vie.

Alors, ne vous inquiétez donc pas en vous demandant : *Qu'allons-nous manger ?*

Qu'allons-nous boire ? De quoi allons-nous nous vêtir ? Cherchez d'abord le royaume de Dieu ; le reste vous sera donné par surcroît.

Ne vous souciez pas de vous-même. Votre vie sera prise en charge. Souciez-vous de tous ceux dont vous touchez la vie et qui ne savent pas cela.

Conversations avec Dieu dit très clairement que votre survie n'est jamais mise en question, et le dernier livre de dialogues de *CAD, Retour à Dieu – Une vie sans fin*, redouble ce message, l'avançant avec une spécificité sans réserve, expliquant avec précision l'éternel périple de l'âme.

Cette conversation nous dit que la Vie même est une boucle sans fin et que l'énergie de la vie, partout présente, s'individualise en tant que vous, que moi et que tout ce qui existe. Les aspects individualisés de la Divinité (que nous nommons les « âmes ») suivent une boucle sans fin – du domaine de l'absolu à celui du relatif et vice-versa, de la spiritualité à la physicalité et vice-versa, et ainsi de suite dans le temps – qui est unique. C'est le seul moment qui soit, que nous appelons Maintenant).

Ce périple continu a pour but de créer une éternelle ouverture et un contexte infini au sein duquel nous pouvons vivre et exprimer, devenir et accomplir, connaître et recréer Qui Nous Sommes.

* * * * *

Nous cherchons à nous connaître en tant qu'êtres divins, sous tous les aspects de la Divinité même, au moyen de l'Éternité et de l'Infini. L'Éternité et l'Infini sont les plus grands cadeaux de Dieu.

La raison pour laquelle le périple est éternel est la suivante : lorsque nous atteignons la « fin » (définie comme étant la connaissance et l'expérience ultime et totale de Qui Nous Sommes Vraiment), nous faisons tout simplement, en tant que Tout, ce que nous avons fait en tant qu'aspects individualisés de la Divinité : nous nous recréons à nouveau dans la prochaine version la plus grandiose de notre plus grande vision de Qui Nous Sommes. Nous nous individualisons alors à nouveau et nous utilisons une fois de plus le processus de la vie pour faire l'expérience de cette prochaine version la plus grandiose, de toutes pièces.

Cet extraordinaire dialogue final avec Dieu nous donne un aperçu de ce processus et nous montre comment fonctionne les grands Principes de vie. Voici un extrait de *Retour à Dieu* :

Dans cette sainte Trinité – Dieu en trois parties –, ton esprit est dans ton activité consciente.

Par conséquent, ne pense qu'à ce dont tu choisis de faire l'expérience, dis seulement ce que tu choisis de réaliser, et utilise ton esprit pour ordonner consciemment à ton corps de ne faire que ce que tu choisis de démontrer comme étant ta réalité la plus élevée. C'est ainsi que tu crées sur le plan conscient.

Observe bien. N'est-ce pas ce que fait chaque maître ? Un maître procède-t-il autrement ? Non. Vraiment pas.

Chapitre dix-huit

Pourquoi nous oublions, et comment

Plus nous devenons plus nous pouvons devenir, et plus nous pouvons devenir plus nous devenons. Si ce n'était pas le cas, la vie tirerait ultimement et logiquement à sa fin, car la croissance tirerait à sa fin. Et lorsque la croissance s'arrête, la vie s'arrête, car le processus de la vie est la croissance même. La vie deviendra toujours une plus grande version d'elle-même. Et lorsque la plus grande version d'elle-même se sera réalisée, connue et vécue, la Vie inventera une version encore plus grande. Car la Vie n'a nullement l'intention de prendre fin. Dieu n'a aucune intention de ne pas être Dieu. Il ne le pourrait pas, même s'Il le voulait. La seule et unique chose que Dieu ne puisse être, c'est Ne Pas Être.

C'est la seule chose que vous ne pouvez pas faire, vous non plus.

Mais vous pouvez faire quelque chose d'assez inhabituel. Vous pouvez *oublier* qui vous êtes. Et en fait, c'est ce que vous *ferez*, pour pouvoir de nouveau faire l'expérience de Qui Vous Êtes. Pour faire l'expérience de votre Divinité.

Pourquoi est-il nécessaire d'oublier ? En réalité, c'est assez simple. Dieu est le Créateur. Cela signifie que vous êtes le Créateur. Mais pour faire l'expérience de vous-même en tant que Créateur, vous devez créer quelque chose, et tout ce qu'il y a à créer l'est déjà. Tout ce qui a jamais existé, existe et existera *existe au présent*. Le temps est une invention de Dieu qui vous permet de voir toute la création *une chose à la fois*. Car, pour faire l'expérience de vous-même « en train de créer » quelque chose, il faudrait que vous ne puissiez pas tout voir en même temps. *D'où l'invention du temps.* Comme, à tout « moment » donné dans le « temps », il vous est impossible de tout voir à la fois, vous ne pouvez connaître tout ce qui a déjà été créé.

... à moins, bien sûr, que vous ne vous *rappeliez* que c'est bien le cas.

C'est ici qu'intervient l'oubli.

Le temps crée la possibilité de la Mémoire. (Dans l'espace de non-temps, la « mémoire » est à la fois impossible et inutile, car tout est perçu en même temps, ici et maintenant.)

La mémoire est limitée, au même titre que le temps. L'éternité ne l'est pas. Elle est intemporelle. Comme la mémoire et le temps sont tous deux limités, et comme ce qui est limité ne peut saisir ce qui est illimité, vous ne pouvez saisir dans la mémoire humaine une connaissance de toutes les choses qui ont été créées en tout temps et en tous lieux de l'éternité.

La mémoire est limitée à « tel moment » et à « tel endroit », tandis que l'Ici et Maintenant n'est aucunement limité, mais s'étend à jamais dans l'éternité et l'infini. Même dans votre propre expérience terrestre, remarquez que c'est *toujours Ici et Maintenant.* Votre expérience ne comprend *absolument pas d'autre temps*!

Me suivez-vous ? Restez sur mes talons, ici. Restez tout près.

La Divinité, en fait, est une expérience singulière.

Sauf dans le cas contraire.

* * * * *

Dieu désire *toujours* faire l'expérience de Lui-même. Vraiment, à jamais, et même davantage. Et c'est ainsi que Dieu vous a inventé.

Vous, le temps et tout ce qu'il y a dans la vie êtes des outils de Dieu qui lui permettent de faire l'expérience sans fin de Lui-même.

Au moyen des stratagèmes du temps et de la mémoire, qui offrent la possibilité de l'oubli, vous pouvez *créer de nouveau.* Cet acte de recréation est la Grande Joie de Dieu. C'est pourquoi il est appelé « recréation ». Lorsque, en tant qu'humain, vous « créez » chacun une chose à partir de rien (et c'est, bien sûr, ainsi que tout a été créé, puisque tout ce que les humains ont créé n'était un jour qu'une simple idée dans la tête de quelqu'un), tout ce que vous êtes en train de faire, en réalité, c'est de « vous rappeler » que cette chose existe déjà.

Toutes les choses existent déjà. Tous les effets, toutes les situations, tous les résultats – toutes les expériences et expressions imaginables de la vie – se sont déjà produits et existent maintenant dans l'espace intemporel. Ils reposent en paix en tout temps et en tous lieux de l'éternité (pour reprendre l'expression mémorable de Robert Heinlein).

Lorsque vous utilisez l'Énergie d'attraction, vous magnétisez et attirez, à partir du Champ des possibilités infinies, l'expérience et l'expression de la vie que vous choisissez ici et maintenant. Ainsi, vous refaites l'expérience de créateur ; vous « créez » (ou provoquez) presque tout ce que vous choisissez. Vous n'avez qu'à savoir comment s'opère le « choix ».

Chapitre dix-neuf

Un mot sur la « pensée négative »

Selon certains, le processus de Création personnelle ne permet pas de penser, d'observer ni de dire quoi que ce soit de « négatif ». Je comprends que certaines personnes puissent en tirer cette conclusion, mais celle-ci est erronée.

Aucun de ceux qui enseignent la Création personnelle par la pensée positive ne vous proposerait de ne pas songer à des conditions existantes qui ne conviennent pas à ce que vous croyez être et à qui vous choisissez d'être.

Les partisans de la pensée positive découragent la pensée négative, c'est vrai, mais ils ne découragent *aucunement de penser*. Et observer n'est pas nier. C'est tout simplement observer. « On dirait qu'il va pleuvoir aujourd'hui », « j'entends le train qui vient », « chaque heure, sur cette planète, quatre enfants meurent de faim » ne sont pas des commentaires négatifs. Ce n'est pas lancer de l'« énergie négative ». C'est tout simplement dire les choses telles qu'elles sont.

Comment changer « ce qui existe » si on ne sait même pas ce qui existe ? Bien entendu, c'est impossible. Par conséquent, la doctrine de la pensée positive ne vous demande pas de porter des lunettes roses et d'affirmer que tout est merveilleux, même si c'est l'horreur. Dire que tout est « parfait », ce n'est pas comme dire que tout est « merveilleux ». Qualifier une situation de parfaite, c'est tout simplement reconnaître qu'elle est alignée sur l'intention de votre âme en cet instant – qui peut très bien consister à *changer* la situation afin de connaître, de démontrer et de vivre Qui Vous Êtes Vraiment.

Par conséquent, il est très bien d'observer des états, des situations ou des possibilités déjà créés et qui ne vous plaisent pas, d'assumer la responsabilité de votre rôle dans leur cocréation, de dire merci pour leur existence, puis de choisir à nouveau de créer un autre état ou une autre situation, sans jugement ni condamnation. (« Ne jugez pas ni ne condamnez. »)

Les partisans de la pensée positive peuvent bien dire, à l'égard de tout aspect soi-disant négatif de votre vie, « n'y pensez plus », mais ils ne diraient jamais « n'y pensez *pas* ».

Vous devez certainement être conscient du monde qui vous entoure – celui que vous et les autres avez collectivement cocréé en des temps et lieux antérieurs. On vous avertit tout simplement de ne pas vous *attarder* aux choses que vous ne choisissez pas, mais personne n'a dit de ne pas les *observer.*

* * * * *

Vous dire que vous vivez dans un monde qui correspond à chaque instant à votre choix le plus élevé, ce n'est pas ce que proposent les adeptes de la pensée positive, laquelle veut dire savoir que vous pouvez susciter ce que vous avez choisi de plus élevé, si vous le souhaitez vraiment.

Vivre en sachant que le monde était « parfait » (qu'il correspondait tout à fait à votre programme individuel, et celui, collectif, de l'humanité) au moment où vous et les autres l'avez créé, et savoir qu'il vous est possible de formuler à volonté une nouvelle définition de la perfection, c'est vivre dans la maîtrise.

Et vous êtes à même de formuler cette nouvelle définition et de créer à volonté cette nouvelle réalité. Sur le plan individuel, c'est possible dès que vous changez d'idée à propos de quoi que ce soit. Collectivement, c'est aussi possible lorsque la conscience collective change. À l'instar de la conscience individuelle, la conscience collective peut changer à tout moment. Chaque membre de la race humaine a l'occasion d'être un agent de ce changement.

Vous créez vraiment votre réalité, et nous sommes en train de créer ensemble la réalité de tout ce monde. En utilisant la puissance de Dieu-en-nous, nous sommes vraiment aux commandes.

Telle est la Vérité cachée, pleinement révélée.

Chapitre vingt

La vraie nature de Dieu

Au début de ce livre, j'ai dit que le processus de Création personnelle consiste en fait en trois phénomènes qui interagissent pour n'en former qu'un. Le premier phénomène concerne Dieu, le deuxième vous concerne, et le troisième concerne Dieu et vous, ensemble.

J'ai ajouté qu'une autre façon de décrire cela était que la première partie de la « formule mystère de la vie » est le *Je Suis*, la deuxième, le *Tu Es*, et la troisième, le *Comment.*

Beaucoup d'humains ont tendance à concevoir Dieu – le *Je Suis* – d'une manière qui *réduit* la puissance de Dieu au lieu de la *reconnaître.* Si nous ne faisons pas attention, nous serons plus intéressés à faire de Dieu l'expérience d'une *image* plutôt que d'une *puissance.*

Nous allons maintenant mieux connaître la puissance du *Je Suis.*

* * * * *

Lorsque nous concluons que Dieu n'est pas qu'une plus grande version des humains, y compris tout le tourment, toutes les complexités et tous les besoins émotionnels des humains (le besoin d'amour, le désir de revanche, etc.), nous arrivons alors à l'ensemble de la Vérité cachée, à savoir que Dieu n'est pas une version plus grande des humains mais que les *humains* forment une plus petite version *de Dieu.*

C'est le début du chemin de la compréhension totale du plus grand mystère de la vie – car cela fait partie du mystère même.

Le plus grand mystère de tous les temps est sûrement la nature de Dieu. Mais si c'est un mystère, ce n'est pas parce que Dieu l'a voulu ainsi, mais bien plutôt *l'humanité.*

(Ou du moins, certaines parties de l'humanité.)

Notre espèce a considérablement investi dans le fait de percevoir Dieu de certaines façons ou sous certaines images. La plupart des gens imaginent vraiment Dieu comme une sorte d'humain géant : un « Nous » infiniment plus puissant et plus sage. Beaucoup d'humains et de religions humaines ont même donné à Dieu un sexe (masculin, au cours des plus récents millénaires) et une race (pas noire, assurément). C'est-à-dire que certains humains l'ont fait. D'autres ont donné à Dieu des caractéristiques différentes.

On prétend que peu de gens croient vraiment en ces idées, mais qu'elles valent mieux que rien. L'esprit a besoin de s'accrocher à quelque chose qu'il peut conceptualiser et visualiser. Mais si personne n'y croit véritablement, en quoi peut-on bien *croire,* alors... ?

S'ils étaient honnêtes, la plupart des gens reconnaîtraient qu'ils ne savent pas ce qu'il faut croire concernant la nature, l'apparence ou la caractéristique exacte de Dieu.

J'adore raconter l'histoire de la petite fille de six ans, assise à la table de la cuisine, fort occupée avec du papier et des crayons de couleur.

Touchée par la scène, sa mère, absorbée par ses propres tâches dans l'évier, lui demande de l'autre bout de la pièce :

« Qu'est-ce que tu dessines, ma cocotte ? »

« Dieu », répond l'enfant d'un ton détaché.

« Oh, ma chérie, c'est tellement charmant, dit sa mère en souriant, mais tu sais, personne ne sait vraiment à quoi il ressemble. »

« Eh bien, ajoute gaiement la petite fille, si tu veux bien me laisser *finir*... »

* * * * *

En mars 2007, j'ai donné à Tokyo un *satsang* dans lequel je parlais de la véritable identité de Dieu. Au début du programme, je décrivais Dieu ainsi :

« Dieu n'est pas un super Être céleste aux mêmes propensions et besoins émotionnels que les humains, y compris le besoin d'amour et de revanche. Dieu est l'Énergie essentielle de la vie. Vous pouvez appeler cette énergie l'Intelligence pure.

« L'intelligence se fiche bien que vous croyiez en elle, ou non. Que vous l'utilisiez délibérément, ou non. Si vous ne l'utilisez pas délibérément, elle se fiche bien de savoir *comment*. Elle ne juge aucunement tout cela. En réalité, elle ne juge absolument rien.

« L'Intelligence pure ne veut rien, n'a besoin de rien, ne cherche rien. Elle est, tout simplement. Elle existe d'une façon qui lui permet d'être utilisée. Elle le fait, elle le permet, elle le rend possible, en se plaçant à l'intérieur de Tout.

« Partout où vous regardez, vous trouvez l'Intelligence pure. Elle est à la base de toutes les choses qui existent. Les flocons de neige reflètent l'Intelligence pure. Les atomes les plus infimes reflètent l'Intelligence pure. Le plus grand pan du ciel nocturne reflète l'Intelligence pure. Le processus de la Vie même, examiné sur tous les plans, reflète l'Intelligence pure.

« L'énergie que je nomme ici Intelligence pure peut être utilisée – est utilisée – sur tous les plans de la vie, par la Vie même. Vous êtes en train de vous servir de cette énergie, de la focaliser, à chaque seconde de chaque minute de chaque heure de chaque jour... habituellement sans le savoir.

« Le fait que cette énergie existe, et la façon de la focaliser pour l'employer à son avantage personnel, constitue ce qu'on a appelé "le secret". Un film du même titre a été réalisé l'an dernier [en 2007], et il se répand maintenant sur la planète entière.

« Cette énergie que j'appelle Intelligence pure, et qui désigne Dieu, n'a aucune opinion sur quoi que ce soit. C'est parce que Dieu n'a besoin de rien. Il est singulièrement *dépourvu* de besoin, pour la simple raison qu'il est *tout ce qui existe sous quelque forme que ce soit.* Cela comprend non seulement les choses physiques, mais aussi les choses métaphysiques. Cela comprend toutes les choses spirituelles, et tout ce qui EST, tout simplement, sous quelque forme que ce soit... y compris les pensées, les émotions, les sentiments, les idées et, oui, les trous noirs de l'espace.

« Pensez à ceci. Si Dieu est véritablement tout ce qui existe sous quelque forme que ce soit, qu'est-ce que Dieu pourrait bien vouloir, de quoi aurait-il besoin ?

« La réponse à ces questions est évidente. On n'a pas à l'exposer en détail, car la simple logique nous la révèle et dit clairement comment nous avons été faits prisonniers des mythologies de notre culture et de son passé.

« L'occasion qui se présente à nous, et à tous les êtres vivants, consiste à utiliser comme il se doit l'Énergie essentielle de l'Intelligence pure. Toutes les choses de l'univers ne peuvent pas utiliser consciemment et intentionnellement cette Énergie essentielle. Seuls les éléments de la Vie même qui sont conscients d'eux-mêmes peuvent le faire.

« Je dois corriger cette dernière affirmation. Ce ne sont même pas tous les éléments conscients de la vie qui peuvent utiliser consciemment l'Énergie essentielle de la vie. Il s'agit non seulement de la conscience, mais aussi du niveau de conscience qu'un être ou une espèce a atteint. Par exemple, un chien, même s'il est très intelligent, n'est pas suffisamment conscient (d'après ce que nous en savons) pour utiliser l'Énergie essentielle avec intention.

« Les humains sont non seulement conscients d'eux-mêmes, mais aussi du fait d'être conscients, et ils ont donc atteint au moins le deuxième plan de la conscience, lequel permet aux êtres vivants de s'observer, et même de s'observer en train de s'observer. Autrement dit, nous pouvons rester "à l'extérieur de nous-mêmes" et nous observer en train de faire ce que nous faisons, de penser ce que nous pensons et de dire ce que nous disons.

« Nous pouvons même nous observer en train de nous observer. Nous pouvons revenir dans le couloir de la conscience, circuler d'une porte à une autre – et, selon certains, finir par voir et faire l'expérience de notre Être divin et sacré. »

Je croyais donner de Dieu une définition assez « prudente » (ayant réservé pour un moment ultérieur la partie qui concerne le fait que Dieu est *nous*). Je ne m'attendais donc pas à ce que quelqu'un de l'auditoire plonge dans le désespoir par suite de ma description – mais je vois maintenant que j'aurais dû deviner que c'était chose possible.

Chapitre vingt-et-un

Votre entière liberté est le plus grand cadeau de Dieu

Lorsque j'ai fini de présenter mes commentaires à ce *sat-sang*, à Tokyo, un homme s'est levé du fond de la salle pour poser une question qui, disait-il, le tourmentait.

« La première fois que j'ai lu *Conversations avec Dieu*, ça m'a beaucoup touché parce que ça me permettait de croire en un Dieu personnel, un Dieu qui m'aimait. Maintenant, je suis confus. Vous venez de décrire un Dieu qui n'est même pas une personne ou un être et qui se fiche de ce que je fais ou de la tournure que prend ma vie.

« Maintenant que j'ai entendu votre description, je me sens perdu. Ce n'est pas ce que je m'attendais à recevoir ici aujourd'hui. C'est très décourageant. Pouvez-vous m'aider ? »

La question était merveilleuse. Elle venait de quelqu'un qui avait suivi chaque mot, soupesé chaque nuance et chaque implication. D'autres membres de l'auditoire faisaient des signes de tête approbateurs et, le visage relevé, en attente, renforçaient l'intensité de la question. Je me suis appuyé sur une jambe, puis sur l'autre, je me suis raclé la gorge, et j'ai commencé à prononcer, d'une voix lente et soutenue, des mots qui émergeaient de quelque part au-delà de mon esprit conscient.

« Le fait que Dieu soit Intelligence pure n'empêche pas la possibilité qu'il prenne la forme d'un Être sensible. En fait, puisque l'Intelligence pure est l'énergie essentielle de Tout Ce Qui Est, elle peut prendre la forme de n'importe quel élément de ce Tout. Autrement dit, "Dieu" peut "apparaître" dans nos vies sous la forme qu'on veut.

« Ce que nous appelons "Dieu" peut donc continuer d'adopter une apparence très humaine, s'il croit avoir ainsi de plus grandes chances d'être compris ou plus facilement accueilli, à un moment donné, par tel Aspect individualisé de lui-même.

« En effet, j'ai compris que l'énergie qui est Dieu prend la forme exacte de l'être à qui elle apparaît. Ainsi, pour les humains, Dieu prend une forme humaine.

« Mais Dieu n'est pas *limité* à cette forme. En effet, Dieu peut prendre *la forme que nous désirons* – y compris une énergie pure et indifférenciée –, et nous pouvons lui donner celle que nous voulons.

« Comment ? En utilisant le processus de Création personnelle ! »

À présent, l'auditoire dressait l'oreille. Soudain, les pièces du puzzle commençaient à se rassembler.

* * * * *

« Avant d'aller plus loin, ai-je ajouté, parlons de cette idée selon laquelle Dieu est indifférent au fait qu'on croie en lui, ce qui voudrait dire qu'il est sans amour.

« Qu'il se fiche de ce que nous faisons ne signifie pas qu'il ne nous aime pas. Je vous demande d'imaginer vos propres enfants lorsqu'on les envoie jouer dans la cour. Vous souciez-vous vraiment des jeux qu'ils choisissent ? Cela compte-t-il pour vous qu'ils jouent à chat, à cache-cache, ou au ballon-chasseur ? Bien sûr que non ! En fait, vous ne songeriez jamais à porter atteinte à leur inventivité en leur dictant la manière d'employer leurs temps libres.

« Tout ce que vous leur dites, c'est : “Bon, va jouer! Amuse-toi bien! Mais sois prudent. Essaie de ne pas te blesser! Et *si tu as besoin de moi, je serai là.*”

« C'est ce que Dieu nous dit. Le fait qu'il se fiche de ce que nous faisons montre à quel point il nous aime, et non le contraire! Car la liberté d'être, de faire et d'avoir ce que nous choisissons est le plus grand de tous les cadeaux. C'est le plus grand trésor et le plus grand cadeau que Dieu pouvait nous offrir. Même la religion traditionnelle enseigne que Dieu nous a fait ce don. Cela s'appelle le libre arbitre. »

Encore une fois, des mimiques de reconnaissance et de compréhension se sont propagées dans la salle. Visiblement, les gens « pigeaient ». Des liens s'établissaient dans leur esprit.

« Alors, pour revenir à l'Ultime Nature de Dieu… J'ai dit que Dieu peut se présenter sous la forme que nous voulons – y compris celle d'un vieil homme barbu, d'un rayon de lumière dorée, ou d'une énergie pure et indifférenciée –, tout comme nous.

« Nous le pouvons, vous savez. Seulement, nous y arrivons une cellule à la fois, tandis que ce que nous appelons Dieu le fait d'un coup.

« La recherche médicale récente tient de plus en plus compte de ce que nous appelons des “cellules souches”. Savez-vous de quoi il s'agit? Ce sont des cellules corporelles qui n'ont aucune caractéristique particulière. Mais elles peuvent en *adopter* en se renouvelant par la division cellulaire et en se différenciant en une large gamme de types de cellules spécialisés.

« Dans *Conversations avec Dieu*, il est dit que le but de la vie est de nous recréer à neuf sous la prochaine version la plus grandiose de notre plus grande version de Qui Nous Sommes. *C'est précisément ce qui se passe à présent dans votre corps.*

« La science médicale nous a appris qu'on peut aider les cellules souches à constituer *n'importe quelle partie du corps*... même le cœur et le cerveau!

« Alors, si Dieu peut créer dans tous les organismes multicellulaires quelque chose d'aussi merveilleux que des cellules indifférenciées capables de devenir n'importe quelle partie du corps, qu'est-ce que Dieu peut faire de lui-même, d'après vous ? »

L'auditoire est devenu silencieux.

« Ne pourrait-on pas tout simplement appeler Dieu la Vie indifférenciée dont émerge toute vie individuelle ? Serait-ce tiré par les cheveux d'imaginer Dieu en tant que Mère de toutes les cellules souches ? »

CHAPITRE VINGT-DEUX

Le mécanisme de la Manifestation

Dans la première partie du processus de Création personnelle, que j'ai appelée le *Je Suis,* Dieu est la *forme indéfinie, la vie,* l'énergie fondamentale et essentielle, le premier et le seul élément, sous une *forme indifférenciée.*

Voici donc la deuxième partie, que j'ai appelée le *Tu Es.* C'est la Vérité cachée sur le processus, la vérité derrière la vérité : vous êtes une *forme différenciée* de la Forme indifférenciée qui est Dieu.

Permettez-moi de le répéter, afin que vous ne manquiez pas l'incroyable implication. Vous êtes une forme différenciée de la Forme indifférenciée qui est Dieu.

Une partie de ce qu'est Dieu s'est différenciée sous notre forme, et une partie de l'énergie illimitée qu'est Dieu demeure indifférenciée – et attend de se différencier grâce à nous!

Bon, comme les choses se compliquent un peu ici… oui, vous savez déjà… continuez de me suivre.

* * * * *

Comme on l'a vu plusieurs fois, Dieu s'est déjà différencié hors du temps, sous toutes les formes possibles, passées, présentes et à venir. L'œuvre de la vie est terminée. Sa mission est accomplie. Elle s'est déjà individualisée de toutes les façons. Autrement dit, tout, dans le Champ des possibilités infinies, est *déjà* là, tout près, *fin prêt*!

Notre seule tâche consiste à le soulever, à le susciter dans notre réalité. C'est la troisième partie du processus de Création personnelle, la partie pratique [le *Comment*] ! On a écrit des tonnes de livres là-dessus, mais aucun n'a sérieusement tenté d'expliquer par quel mécanisme fonctionne la manifestation.

* * * * *

Nous savons à présent que, tout comme la science médicale peut aider des cellules souches à prendre la forme de n'importe quelle cellule du corps, créant ainsi des tissus cardiaques, des os, et même des tissus cérébraux pour remplacer des parties du corps endommagées, Dieu peut aussi aider sa Forme indifférenciée à prendre n'importe quelle forme, matérielle ou non – et il l'a déjà fait! Ces nombreuses formes s'appellent *la vie*!

(Exemple de « forme immatérielle » : un sentiment. Dieu peut apparaître dans la vie d'une personne sous forme d'amour. Ou d'un sentiment de pardon. Ou – comme cela se passe souvent au moment de la mort – du sentiment d'être en sécurité totale, étreint et « accueilli chez soi ». Ces sentiments sont *Dieu*, sous une forme immatérielle.)

Le *mécanisme de la Manifestation* commence lorsque nous nous « rappelons » Qui Nous Sommes Vraiment (nous sommes l'une des nombreuses formes de ce « Dieu polymorphe »), tout ce que nous avons déjà fait (nous avons créé tout ce qui existe), puis les aspects précis de ce qui a déjà été créé.

Lorsque nous nous sommes séparés de Dieu pour vivre l'expérience de l'Individualisation, nous avons démembré notre Moi divin et toutes nos créations.

Ainsi, lorsque nous choisissons de manifester quelque aspect de notre Être divin dans notre réalité, tout ce que nous avons à faire, c'est de nous *rappeler* cette création. *Nous le faisons en expri-*

mant la vie sous forme de pensées, de paroles, de gestes et de sentiments.

* * * * *

Comment cela fonctionne-t-il ? Eh bien, c'est assez simple, en réalité. Tout, dans la vie, est énergie. *Tout.* Tout dans la vie est en vibration. *Tout.* La vibration est le mouvement de l'énergie. C'est l'Essence qui se manifeste en différenciant la forme par l'élégant processus du mouvement.

Tout, dans la vie, est relié à tout le reste. *Tout. Rien* n'est « débranché » ou « démembré ». Nous *croyons* que c'est possible, c'est tout. Il est impossible d'être débranché ou démembré.

Le Grand Tout est en réalité une matrice énorme, incalculable. La *matrice* vibre à des fréquences différentes, en des lieux différents. On peut appeler ces différences des perturbations locales du champ énergétique – tel un caillou jeté dans un étang.

Vous êtes une perturbation locale. Tout comme vos pensées, vos paroles, vos actions. Les paroles vibrent. Les pensées vibrent. Les gestes vibrent. Les paroles ne sont que des sons, bien sûr, et le son n'est que la vibration de l'énergie à certaines fréquences. Les pensées, moins denses, vibrent à des fréquences différentes. Les gestes, plus denses, vibrent à des fréquences encore différentes.

L'acte de « création » consiste tout simplement à syntoniser la vibration de ce qui existe déjà dans le Grand Tout, et de l'attirer vers vous. En fait, vous ne « créez » rien, mais vous remarquez que cela a déjà été créé, et vous l'aimantez – ou l'attirez.

Le processus d'*attraction* consiste ni plus ni moins à ajuster votre énergie à celle de l'expérience que vous voulez attirer. Encore une fois, vous ne créez rien, cette expérience est *déjà créée.* Vous vous l'attirez, en la « soulevant » à partir du Champ des possibilités infinies.

Dans *Conversations avec Dieu*, il est dit que les trois outils de la création sont la Pensée, la Parole et l'Action. Tout ce que vous pensez, tout ce que vous dites et tout ce que vous faites crée de l'énergie – et dès lors, votre réalité. Car votre « réalité » n'est rien d'autre que la somme de vos énergies et de celles qu'elles attirent.

Le *mécanisme de la Manifestation* n'est que de l'« assortiment d'énergie ». C'est accorder la vibration de façon qu'elle *résonne* avec cet aspect de l'énergie universelle dont une Individualisation désire faire l'expérience.

La « réalité » est un mot qui signifie « ce dont on fait l'expérience *ici, maintenant* ». Rappelez-vous : c'est la seule expérience possible. Vous ne pouvez faire l'expérience d'hier, vous ne pouvez que vous en souvenir. Vous ne pouvez faire l'expérience de demain, vous ne pouvez que l'anticiper. *La seule expérience* que vous puissiez faire *dans l'Univers*, c'est ici et maintenant.

Rien n'est vraiment « réel » ; ce n'est « réel » que dans la mesure où vous en faites l'expérience. Autrement dit, votre expérience *rend cela* réel.

L'expérience est une question de résonance. Elle consiste à attirer vers vous et par, ici, maintenant, des énergies de l'Essence. Cela s'appelle la « création ».

La création est de la résonance.

* * * * *

Lorsque vous avez une « idée » en tête à propos de quelque chose, ou que vous « visualisez » une chose (comme le font souvent les inventeurs), vous ne faites, en réalité, que vous la rappeler telle qu'elle existe déjà. Si elle n'existait pas déjà, *vous ne pourriez y penser.*

« Penser », c'est *retrouver.* C'est fouiller l'Éternelle Conscience collective pour en extraire de l'information. C'est la résonance spontanée d'une individualisation locale de la Divinité avec un aspect de la Divinité universelle. C'est assortir une partie au Grand Tout.

Voilà pourquoi la concentration mentale et intentionnelle est si forte et si essentielle au processus créatif (d'extraction). Par ce processus de pensée intentionnelle et de sentiment profond, ce n'est pas tant que nous DÉcouvrons ce que nous avons souhaité, mais que nous le REcouvrons. (« Avant que vous ne demandiez, je vous aurai répondu. »)

Cette prise de conscience peut souvent nous arriver de manière soudaine et complètement inattendue. D'un seul coup, nous avons « réal-isé » – ou *rendu réel* – quelque chose qui était toujours là.

J'appelle ce processus de rappel soudain le « recouvrement spirituel ». Cela ressemble beaucoup à la découverte scientifique, mais sur un plan métaphysique. Tout comme la découverte scientifique manifeste une chose *déjà latente* dans l'ordre de la nature, le recouvrement spirituel manifeste une chose *déjà latente* dans l'ordre de la surnature (ce que certains appellent le surnaturel ou, si vous voulez... Dieu).

La compréhension intellectuelle de ce processus peut nous aider à nous livrer au processus même. Lorsque nous savons ce que nous faisons – et pourquoi –, nous sommes habituellement plus habiles à le faire.

On peut dire de Énergie essentielle de la Vie qu'elle est légère, éthérique et délicate. Elle est partout à la fois. La fonction de la création est d'aimanter et d'amplifier cette énergie, de l'attirer à vous et de lui donner plus de place dans votre expérience.

Ressentir est une façon majeure de le faire. Cela concentre les énergies dans un schéma ondulatoire résonant. Lorsque vous voulez manifester, ne cherchez pas seulement à penser à une chose, mais à la ressentir. *Ressentez* ce que ce serait que de l'avoir, que d'en faire l'expérience. Ressentir règle avec précision le champ morphique qui vous enveloppe et que vous nourrissez en émettant de l'énergie – ce que vous faites à chaque instant. Ressentir est notre manière d'identifier et d'amplifier l'énergie que nous voulons vivre davantage, en *résonant* avec elle.

À mesure que nous prenons conscience du fonctionnement du *mécanisme de la Manifestation*, nous devenons capables de manifester plus aisément bien des choses dans notre vie. Non seulement des objets et des expériences physiques, mais des sentiments et de la conscience immatériels.

Ainsi, nous pouvons manifester non seulement de l'argent, mais l'expérience appelée « bien gagner sa vie » ; non seulement un compagnon, mais l'expérience appelée amour ; non seulement une solution physique à un problème, mais l'expérience appelée sagesse. Ainsi, nous pouvons manifester le pardon, la compassion, la compréhension, la joie, le bonheur… et la paix.

Paix sur la Terre aux hommes de bonne volonté.

Enfin.

Chapitre vingt-trois

Pourquoi le processus de Création est resté voilé

Soyons clairs concernant la raison pour laquelle tant de ceux qui croient en un Dieu auquel ils font appel sont agacés à l'idée d'une « puissance » existant en chacun de nous, qui nous permet de créer notre propre réalité.

Lorsque nous devons nous adresser à un Dieu qui existe hors de nous, séparé de nous, loin de nous pour obtenir de l'aide en cas de nécessité ou pour avoir dans notre vie quelque chose que nous désirons sincèrement, nous sommes censés obéir à ses lois pour recevoir une réponse affirmative. Nous devons être *en bons termes* avec Dieu pour qu'il nous bénisse. Nous devons lui être fidèles si nous voulons qu'il nous soit fidèle. C'est un *échange réciproque.*

On nous a enseigné que Dieu ne bénirait pas ceux qui lui désobéissent ou l'ignorent, ou ne s'adressent pas à lui de *la bonne façon.* Que Dieu non seulement éviterait de bénir ces gens, mais qu'il les vouerait à la damnation éternelle. Qu'il les ferait brûler dans les flammes éternelles de l'enfer.

Mais si nous avons *en nous* le pouvoir de créer ce que nous voulons, cela signifie que *nous n'avons pas à bien faire pour l'obtenir.* Bref, nous n'avons pas à obéir à la Loi de Dieu si nous pouvons utiliser l'Énergie d'attraction et la Création personnelle. Cela enlève le pouvoir des mains de ceux qui nous diraient ce qu'est vraiment la Loi de Dieu.

Les implications de cette dernière phrase sont énormes. Et elles l'ont été dans toute l'histoire humaine. C'est pourquoi ceux qui nous disaient ce qu'*est* la Loi de Dieu ont fait arrêter ceux qui nous disaient que le royaume des cieux est en nous – et les ont tués.

Il y a un point sur lequel, de manière prévisible, toutes les religions du monde s'entendent. Elles ne s'entendent peut-être pas sur tout, mais je vous assure qu'elles s'entendent sur *ceci* : le pouvoir de contrôler votre propre réalité, d'être plus heureux que Dieu, de créer des richesses, la célébrité, l'amour et la joie dans votre vie (sans parler de la paix sur terre) n'est *pas* en vous, et il est arrogant et spirituellement dangereux de l'imaginer ainsi.

Dieu a une mainmise sur votre vie selon Sa Volonté, et votre rôle est d'obéir, de vous soumettre à celle-ci, d'exécuter les ordres de Dieu et, si vous voulez quelque chose pour vous-même, d'espérer, de supplier et de prier que telle soit sa volonté.

Et il y a une autre menace ici, aussi, du point de vue de la religion. Lorsque nous nous adressons à Dieu pour demander de l'aide, ou pour lui demander de créer ce que nous désirons sincèrement, il n'est aucunement garanti que Dieu le fera – même si nous *obéissons* à la Loi de Dieu. Même des gens bien ou merveilleux ont vu leurs prières rester sans réponses. Lorsqu'ils posent des questions là-dessus, qu'ils courent vers leurs prêtres, leurs rabbins et leurs oulémas, les suppliant de leur répondre – « Pourquoi Dieu ne m'a-t-il pas accordé ma requête ? N'ai-je pas été un serviteur bon et fidèle ? » –, ceux-ci leur disent : « Les voies du Seigneur sont mystérieuses. Tu n'as pas à les remettre en question, mais à les accepter. »

Mais la Création personnelle est censée fonctionner *sans défaillir.* Dieu peut dire « non », mais la Création personnelle ne dit que « oui ». Elle donne toujours des résultats. L'important, c'est ce à quoi vous accordez votre attention, ce que vous ressentez le plus fortement.

* * * * *

Telle est la grande menace de la Création personnelle – et la raison pour laquelle on a dû la garder voilée.

Tant que nous croirons que Dieu pourrait répondre « non » à l'une ou l'autre de nos demandes, nous ferons tout ce qu'il faudra, selon nous (ou selon ce qu'on nous dit) pour *l'amener à répondre « oui »*. Et tel est le contrôle exercé par la religion, car c'est elle qui nous indique comment faire dire « oui » à Dieu!

La Création personnelle, par contre, répond « oui » à *chaque* appel – et chaque pensée, chaque parole, chaque geste est un appel.

Si ce processus fonctionne vraiment, vous avez entre les mains une puissance créative extraordinaire. Beaucoup trop de puissance, selon certaines religions organisées, pour qu'elles continuent à pouvoir justifier leurs dogmes, doctrines, décrets et décisions.

Ainsi, si vous essayez de « créer » quelque chose *selon votre libre arbitre*, vous pourriez être accusé d'apostasie, de rébellion semblable à celle de Satan, car lui aussi (nous rapportent les partisans de la religion) s'est attribué, dans son orgueil, la puissance de Dieu, l'importance de Dieu, la gloire de Dieu – et pour cela, il a été chassé du paradis et condamné à la torture éternelle, qui consiste à être séparé du Divin, à demeurer en compagnie de ceux qui étaient suffisamment misérables pour être envoyés en enfer le rejoindre.

Le véritable danger de la Création personnelle est qu'elle implique une nouvelle conception de vous… et de *Dieu*.

Voilà les deux choses incroyables que Jésus de Nazareth nous a invités à faire, et pour lesquelles il a été crucifié.

Voyez-vous d'une nouvelle façon, a-t-il dit, et considérez Dieu d'une nouvelle façon. Il ne l'a pas énoncé en ces termes, mais ceux qu'il employait avaient exactement le même sens. Il a dit d'autres choses, aussi, qui révélaient très directement la Grande Vérité.

Les idées que Jésus offrait aux gens de son époque ont eu l'effet d'un coup de tonnerre dans son monde. Il allait partout en disant des choses comme : « Demandez et on vous donnera ; cherchez et vous trouverez ; frappez et on vous ouvrira, car celui qui demande reçoit et celui qui cherche trouve ; et à celui qui frappe, on ouvre. »

Bien sûr, c'est exactement ce qu'est la Création personnelle. C'est précisément ce que des enseignants comme Émile Coué, Norman Vincent Peale et Harold Sherman ont tenté de nous dire il y a bien des années. C'est littéralement ce que Esther et Jerry Hicks disent aujourd'hui (et depuis des années), ce que Wayne Dyer nous présente, ce que *Conversations avec Dieu* a exprimé de manières si accessibles et si enthousiasmantes, et ce que bien des enseignants et des messagers nous ont invités à accueillir depuis des centaines d'années.

Il est vrai que les messagers qui ont parlé de la Création personnelle au cours des années n'ont pas tous exprimé clairement que ce que nous utilisons est la puissance de Dieu. Mais Jésus était clair en disant : « Quel est parmi vous l'homme auquel son fils demandera du pain et qui lui remettra une pierre ? Ou encore, s'il lui demande un poisson, lui remettra-t-il un serpent ? Si donc vous, qui êtes mauvais, vous savez donner de bonnes choses à vos enfants, combien plus votre Père qui est dans les cieux en donnera-t-il de bonnes à ceux qui l'en prient ! »

Alors, voilà le chaînon manquant.

* * * * *

Comme on l'a fait remarquer, certaines personnes qui entendent parler de la Création personnelle l'ont critiquée, pensant qu'on encourage les humains à être autosuffisants et à *exclure Dieu.* En fait, les maîtres messagers encouragent les humains à être autosuffisants en *incluant* Dieu.

Mais ces critiques ont raison sur un point, car beaucoup de gens ont omis de préciser une chose très importante. Ils n'ont pas dit que…

l'Énergie d'attraction est l'un des grands Principes de vie et que ces principes sont le processus de Dieu.

Ils n'ont pas dit que…

le fait d'utiliser l'Énergie d'attraction est tout simplement une autre façon d'utiliser Dieu.

Lorsque vous comprendrez ce processus et son fonctionnement, vous n'aurez plus à vous inquiéter de *rien.* Jésus l'a exprimé clairement. Voulez-vous relire ses paroles ?

« Ainsi, ne demandez pas "Qu'allons-nous manger ?" ou "Qu'allons-nous boire ?" ou "De quoi allons-nous nous vêtir ?". Cherchez d'abord le royaume de Dieu et toutes ces choses vous seront données par surcroît. »

Ah, ha! pourraient s'exclamer les partisans de la religion, *nous y voilà*! Jésus a déclaré tout de go qu'il s'agissait de *s'adresser à Dieu.* Pas d'être *autosuffisant*! Jésus a dit : « Cherchez d'abord le royaume de Dieu! » Vous pouvez donc imaginer à quel point cela peut les déranger de découvrir que Jésus a dit aussi, maintes fois : « Le royaume de Dieu est en vous. »

Chapitre vingt-quatre

La meilleure façon d'atteindre des buts personnels

Tandis que les maîtres spirituels, tout au long des siècles, nous ont conseillé de ne pas nous inquiéter de soi, je veux répéter qu'il est très bien d'avoir des buts personnels dans la vie.

Je voudrais également faire remarquer que lorsque nous comprendrons que la façon la meilleure et la plus rapide d'atteindre tous nos buts et de vivre la vie dont nous avons rêvé, c'est d'aider *les autres* à atteindre leurs buts et à vivre la vie dont *ils* ont rêvé, nous aurons trouvé la clé du bonheur durable.

Je vous jure que je n'invente rien. Cette idée n'est pas seulement de moi. Elle a constitué l'expérience de tant de gens qui ont immensément réussi leur vie. Lisez les citations suivantes. Lisez-les et absorbez-les. Ce sont les paroles de gens qui savent, à juste titre, comment fonctionne la vie.

En aidant les autres, nous nous aiderons nous-mêmes, car tout le bien que nous faisons complète le cercle et nous revient.
(Flora Edwards)

Notre objectif premier dans la vie est d'aider les autres.
(Le dalaï-lama)

Aidez les autres à réaliser leurs rêves et vous réaliserez le vôtre.
(Les Brown)

Il est tout à fait vrai que vous pouvez réussir le mieux et le plus rapidement en aidant les autres à réussir.
(Napoleon Hill)

Vous pouvez avoir tout ce que vous voulez dans la vie; il vous suffit d'aider les autres à obtenir ce qu'ils cherchent.
(Zig Ziglar)

Je trouve intrigant que tant de gens qui ont réussi aient soulevé la même formule, la même idée, la même révélation, la même approche, la même description fondamentale d'une manière de vivre qui nous a été donnée il y a si longtemps...

Faites aux autres ce que vous désirez que l'on vous fasse.

Lorsque nous considérons les autres comme des êtres divins et que nous les traitons comme tels, l'Énergie d'attraction est utilisée, enfin, comme elle était destinée à l'être : pour que NOUS NOUS donnions notre réalité.

Et pas seulement à quelques-uns d'entre nous, mais à nous tous; non seulement à un petit groupe, mais à absolument chacun de nous.

Chapitre vingt-cinq

Le processus de Création personnelle et la douleur du monde

Alors, vous vous interrogez peut-être sur les étapes du bonheur, au nombre de 17, mais sachez que nous les aborderons une à une au chapitre 27. Mais avant d'explorer davantage comment vous, vous pouvez être *plus heureux que Dieu*, nous devons examiner une question que nous avons écartée au tout début de ce livre, mais que je vous ai promis d'explorer et d'expliquer avant la fin.

Que dire des gens qui souffrent, qui sont dans la douleur, qui sont opprimés et qui vivent le malheur ? La plupart des adeptes de la pensée positive et des apôtres de la Création personnelle ne semblent avoir aucune réponse au genre de critique mordante que j'ai citée plus haut. Pour vous rafraîchir la mémoire…

De loin la partie la plus dérangeante du message est de suggérer que les gens qui souffrent ont en quelque sorte attiré cela par leurs pensées. Les victimes de viol au Darfour n'ont pas demandé à vivre cela. Les enfants victimes d'abus et les Africains qui meurent de faim ne l'ont pas demandé non plus.

Il est immonde d'insinuer que leurs « pensées incorrectes » en sont la cause…

Si les « pensées incorrectes » ne sont *pas* la cause de toute cette souffrance, alors qu'est-ce donc ? Le destin ?

La réponse, bien entendu, c'est que c'est *vraiment* la façon de penser de l'humanité qui est la cause première de sa grande souffrance. Toutefois, ce n'est pas aussi simple que cela. Il ne s'agit pas seulement de la pensée de ceux qui souffrent, mais de la pensée de chacun.

* * * * *

Il est vrai qu'une grande partie de ceux qui souffrent – qui vivent dans une constante agitation ou une pauvreté abjecte – considèrent la présente situation comme une fatalité. Ils ont cédé, abandonné. Ils ont rejeté la rébellion, la trouvant inutile ou impossible, et dans leur consentement silencieux, ils ont involontairement – certainement pas à dessein – amplifié des conditions qu'ils ont reçues de ceux de leur culture ou société qui les ont précédés.

Ainsi, dans une certaine mesure, c'est la pensée de ceux qui souffrent, leur continuelle pensée subconsciente ou inconsciente, qui joue un rôle dans la création des réalités qu'ils endurent. Bien sûr, ils n'ont pas demandé ces conditions et ces expériences. Ce n'est pas ce qu'on dit ici. Nier que l'état d'esprit continuel de tant de gens d'une même culture n'a rien à voir avec l'expérience de cette culture, c'est nier l'évidence même.

Mais alors, il faudrait noter – oui, il le faut – que dans une mesure immense la souffrance de cultures et de peuples entiers est également créée par la conscience collective des gens d'ailleurs qui ne souffrent pas. Car beaucoup, parmi ces derniers, laissent se poursuivre la souffrance des autres, car ils font la sourde oreille à leurs appels à l'aide et leur en attribuent souvent le blâme, dans une certaine mesure, ou sûrement, du moins, la responsabilité.

Cette mentalité du genre « Qu'ils mangent de la brioche ! », combinée au désespoir de ceux qui souffrent *vraiment*, crée un *mur de pensée* invisible qu'il serait difficile de surmonter ou de contourner pour tout groupe ou individu.

* * * * *

Il faut comprendre que la Création personnelle fonctionne collectivement autant qu'individuellement, et c'est ce dont il est question ici. La *conscience collective* existe, et elle est très puissante. Les pensées combinées des nombreuses personnes agissent sur l'expérience combinée de la minorité.

En fait, c'est le « destin » qui fait que des masses de gens souffrent tandis que d'autres non, si on considère le « destin » comme la somme des pensées venant de toutes parts.

Le « destin » est créé par la somme des idées de chacun à propos d'une chose. Il est très difficile (bien que pas tout à fait impossible) pour un individu dans tout groupe ou société fermée de surmonter la somme des idées de chacun *au sein* de cette société, sans parler de ceux qui n'en font pas partie.

Certains individus ont surmonté cet immense obstacle énergétique et se sont élevés, contre toute attente, à des sommets immenses dans des sociétés ou des groupes, contrairement à la plupart des autres. Nous qualifions souvent ces individus de « héros », nous leur érigeons des statues, nous donnons leur nom à des édifices et à des ponts, et nous mettons leur portrait sur nos billets de banque. D'autres ont souffert, mais eux ont réussi. Qu'est-ce qui fait donc la différence ? Comment cela se produit-il ?

La réponse, inévitablement, a à voir avec la manière de penser de ces individus. C'est dans leur façon d'« entretenir » leur idée d'eux-mêmes par rapport à l'ensemble. De *surmonter* la conscience qui les entourait et, en fait, la conscience collective d'immenses pans de l'humanité, qui leur faisaient obstacle. C'est dans leur usage de la force de détermination individuelle, de l'engagement et de leurs idées les plus intimes de Qui Ils Sont en relation avec tout et chacun dans leur entourage.

* * * * *

Cela fait peu de doute, vraiment. Lorsque vous parlez à ces gens, c'est exactement ce que la plupart d'entre eux vous disent. C'est ce qu'ils disent aussi aux classes de diplômés des écoles et collèges, où on leur demande inévitablement de prononcer un discours de remise des diplômes. Tout le monde veut savoir *comment ils y sont arrivés*, quel est le *secret de leur succès*.

Très peu d'entre eux, un infime pourcentage, vous répondront : « Oh, je n'ai rien fait. Je n'avais rien à voir avec cela. C'était un coup de chance. » La plupart diront à ces classes de diplômés : « Ne vous y trompez pas. Vous seuls créez votre chance. »

Est-ce que cela s'applique aux enfants africains qui meurent de faim ? Aux femmes qu'on a violées au Darfour ?

Non. Bien sûr que non. Pas précisément. Les gens ne créent pas leur chance en s'assoyant et en s'imaginant dans ces situations, ou leur malheur, en utilisant consciemment la « pensée incorrecte » et en s'y plaçant.

Comme je l'ai mentionné plus haut, il est vrai que certaines gens, dans toutes les sociétés et les cultures, craignent certaines choses et ressassent inconsciemment ces peurs à un degré tel qu'ils s'attirent vraiment en partie ce qu'ils craignent. Oui, une culture de la souffrance peut se développer. Mais ce n'est pas ce dont parlent les autres lorsqu'ils sont exaspérés d'entendre dire qu'on s'attire des problèmes par la « pensée incorrecte ».

Cette affirmation sonne également creux dans mon cœur. Mais je sais que ce qui peut arriver, et arrive, c'est que la puissante énergie de la conscience collective – peut-être la force créative la plus forte entre toutes – place dans toutes nos vies des expériences malheureuses et des conséquences tragiques… conséquences dont les individus deviennent la proie même si, de toute évidence, ils ne le choisissent pas consciemment.

La conscience collective peut-elle vaincre le choix conscient individuel ? Oui. Doit-il en être toujours ainsi de chaque individu ? Non.

* * * * *

Jésus lui-même s'est écrié d'une voix forte : *Eli, Eli, lama sabachthani* ? Et peu de gens se rappellent ce qu'il gémissait, en pleine souffrance : des paroles de l'Ancien Testament, qu'il connaissait bien sûr…

« Mon Dieu, mon Dieu, pourquoi m'as-tu abandonné ? » (Psaume 22, versets 1 à 3)

C'est précisément parce qu'une conscience collective massive peut vaincre la conscience individuelle que la conscience collective est si importante – et c'est pourquoi il est si essentiel d'élever la conscience collective de l'humanité.

Pour élever la conscience collective de l'humanité, il faut bien sûr élever la conscience *individuelle* des humains. Il est bien, par conséquent, de parler de la Création personnelle. C'est une affirmation, non une négation. C'est une chose à encourager, non à démolir, à ridiculiser et à mettre à mal parce qu'on ne comprend pas exactement les mots.

Nous savons que même les plus grands maîtres spirituels peuvent se croire victimes de la conscience de masse. Dès lors, les gens qui souffrent au Darfour et ceux qui meurent de faim en Afrique, les enfants victimes d'abus, et d'autres individus dans notre monde qui sont profondément blessés, individuellement et collectivement, ne sont certainement pas coupables dans cette affaire.

Mais il ne s'agit pas de savoir s'ils sont « en cause ». (À propos, aucun de ceux qui enseignent la Création personnelle ou l'Énergie d'attraction n'a jamais rien affirmé de tel. C'est une feinte, une conclusion fabriquée que tirent ceux qui donnent une image injuste de leur message.) La question, c'est : Le cadeau divin de la Création personnelle, offert à tous les humains, peut-il servir à soulager cette souffrance?

Et la réponse, bien sûr, est oui.

Jésus en est un exemple renversant. À l'évidence, Jésus n'était pas une victime des circonstances, mais bien plutôt le Créateur de celles-ci. Son appel à Dieu était un moment d'oubli. Je suis si heureux qu'il ait été consigné dans la Bible, car ainsi il nous signale à tous que même les plus grands maîtres peuvent avoir un moment d'oubli. Et cela nous rassurera lorsque nous aussi, devant ces trous de mémoire, nous nous croirons les victimes de situations, au lieu de voir que nous en sommes la cause.

Mais l'instant d'après, Jésus revient à cette conception supérieure de lui-même et utilise la Création personnelle pour poursuivre son périple, et nous le pouvons à notre tour. Là aussi, il nous donnait un exemple à suivre. D'autres, dans l'histoire humaine, nous en ont donné un, même au moment de leur plus grande épreuve. Nelson Mandela me vient à l'esprit, parmi nos contemporains. (Je sais bien que cet homme se sentira peut-être mal à l'aise du fait d'être nommé dans le même contexte que Jésus, mais sa réaction à ses oppresseurs n'était-elle pas christique? Et n'a-t-il pas donné un exemple non seulement à son peuple, mais au monde entier?)

Mais posons-nous une question, à présent. Si tous les humains peuvent agir ainsi, même en plein oubli, pourquoi ne le faisons-nous pas? Nous considérons-nous comme des victimes de notre propre impuissance? Nous imaginons-nous que notre vie et notre monde sont ainsi parce que c'est ce que Dieu veut, sur un certain plan?

Si tel est le cas, nous nous trompons sérieusement, hélas. Le monde est comme il est aujourd'hui non pas parce que Dieu le veut ainsi, mais parce que nous-mêmes le voulons.

Nous-mêmes le voulons.

Dans le cas contraire, nous serions à même de changer le monde du jour au lendemain. D'éliminer en un clin d'œil la douleur, les torts, la tristesse et la souffrance. Nous pourrions mettre fin à l'oppression, à la répression et à la dépression en un tournemain ; éliminer d'un seul coup la pauvreté, la faim et le désespoir.

Nous pourrions faire tout cela si nous le voulions vraiment. En vérité, nous ne le voulons pas. Individuellement, nous le voulons peut-être (dans certains cas). Collectivement, nous ne le voulons pas, à l'évidence, *sinon ce serait déjà fait.*

Ce que l'humanité s'est elle-même infligé, elle peut très bien le renverser. Je nous encourage tous à toujours nous le rappeler et à le porter comme une bannière, en gens compatissants et bienveillants.

Ce que l'humanité s'est elle-même infligé,
elle peut très bien le renverser.

Je crois qu'un jour nous renverserons les conditions de pauvreté, d'oppression et de désespoir, et toute la souffrance que des humains ont causée à notre espèce. Et je crois que ce jour viendra plus tôt que tard. Je crois que les humains de partout vont bientôt se soulever et l'exiger, à partir d'une nouvelle conception de qui ils sont et de la vie sur cette planète. Et je crois que beaucoup d'individus mèneront la voie dans cette révolution spirituelle, en démontrant qu'il est possible d'être *plus heureux que Dieu.*

* * * * *

J'irai plus loin. Je crois que des gens comme vous – *vous* qui êtes en train de lire cet ouvrage – seraient prêts à lancer ce processus s'ils croyaient qu'il y a moyen de le faire.

Eh bien, il y en a un.

Chapitre vingt-six

Comment utiliser le processus de Création personnelle pour aider le monde entier

Le but de la vie est identique à celui de la Création personnelle. Ce lien n'est pas évident pour la plupart des gens, et ceux qui enseignent l'Énergie d'attraction ne l'expliquent pas suffisamment.

Le but de la vie, comme celui de la Création personnelle, consiste à vous attirer – ainsi qu'à *chaque être humain* – l'expérience la plus grandiose de qui vous êtes, à vous rendre plus heureux que Dieu, et ainsi à promouvoir l'évolution de l'âme. À la fois l'âme individuelle et la Seule Âme Qui Soit.

Ce périple de l'âme n'a rien à voir avec le corps humain. Il n'a pas plus de rapport avec votre corps que la bibliothèque que vous avez construite n'a quelque chose à voir avec le marteau et la scie dont vous vous êtes servi à cette fin. Comme ces derniers, votre corps n'est que votre outil. Rien de plus. Tout simplement.

Vous pouvez vous servir de cet outil soit pour assouvir vos caprices personnels, soit pour aider le monde entier. Ce choix vous appartient. Si vous croyez être votre corps, vous pourriez être tenté par le premier choix. Si votre corps est pour vous une chose que vous *avez*, et non que vous *êtes*, vous pourriez être inspiré par le second choix. Il est donc important de toujours se rappeler qui on est. Répétez trois fois par jour, matin, midi et soir : « Je ne suis pas mon corps. Mon corps est ce que j'ai, pas ce que je suis. »

Cela vous aidera à rester centré sur votre nature véritable, sur le but réel de votre présence ici, sur votre véritable raison de vivre, et sur les fins de la Création personnelle.

* * * * *

Il est vrai que vous pouvez recourir à ce processus pour vous attirer toutes les choses merveilleuses de la vie, tout ce que vous désirez. Il est vrai aussi que vous vous définissez selon les désirs que vous exprimez. Et il est également vrai que le processus fonctionne le mieux et le plus rapidement lorsque vous désirez pour les autres ce que vous voulez vivre vous-même. Comme je l'ai expliqué plus haut, c'est en raison de *l'Effet multiplicateur.* Nous travaillons ici avec l'énergie. Tout compte fait, nous ne faisons que travailler avec de l'énergie brute. Les pensées sont de l'énergie. Les objets sont de l'énergie. Les émotions, les sentiments et les expériences sont de l'énergie. *Dieu* est de l'énergie. La *vie* est une expression de l'énergie.

Tout est énergie.

Lorsque vous voulez pour le monde entier ce que vous désirez pour vous-même – la paix, la joie, la sagesse, le bonheur et l'amour –, vous multipliez l'énergie émise. Lorsque vous le faites en même temps que beaucoup d'autres gens, vous *multipliez votre multiplication.* Vous augmentez exponentiellement votre potentiel d'impact. Vous harnachez littéralement la puissance de Dieu. (« Chaque fois qu'au moins deux personnes se rassembleront en mon nom, je serai là. »)

C'est important, car à l'égard des défis qu'affronte le monde, l'axiome est le suivant :

L'énergie qui crée la solution doit être égale
à celle qui crée le problème.

Albert Einstein a observé qu'on ne peut résoudre un problème à partir de l'énergie même qui l'a créé. C'est vrai. Ce doit être une énergie différente, mais *aussi intense.*

* * * * *

Les outils que vous employez pour créer cette intensité d'énergie, la prière, la méditation, vous pouvez les appeler pensée positive, Création personnelle, *mécanisme de la Manifestation*, « formule », « mystère » ou « secret » – c'est la même chose. Tout cela fait partie d'un processus qui peut vous mener à un plus grand bonheur. Tout cela est la mise en fonction, l'usage intentionnel du processus de *la vie même*, des voies de l'univers. C'est le processus de Dieu. C'est ainsi que Dieu procède.

Émile Coué qualifiait ce processus d'« autosuggestion optimiste ». L'application de l'autosuggestion consciente et familière « Tous les jours, à tous points de vue, je vais de mieux en mieux » est le meilleur exemple connu de ce qu'on appelle souvent le couéisme ou la méthode Coué, selon les auteurs de Wikipédia. Ces derniers ajoutent aussi que c'est en 1913 que Coué fonda la Société lorraine de psychologie appliquée. Son livre, *La Maîtrise de soi-même par l'autosuggestion consciente*, fit sensation dès sa publication en Angleterre, en 1920, et aux États-Unis deux ans plus tard.

De telles « révélations » ont toujours fait sensation – tout comme la révélation du « secret » aujourd'hui. Mais toujours, la sensation a tendance à s'effacer, et le monde retourne à ses vieilles habitudes.

Au cours de l'histoire, l'humanité s'est donné une étincelle d'espoir, puis est retournée à sa tristesse et à son angoisse, à son agitation et à son antagonisme, à sa douleur et à sa souffrance. Car les forces soulevées contre les Nouvelles Révélations ont, tout au long des siècles (eh oui, même en période « de lumières »), repoussé le message de la responsabilisation personnelle en faveur d'un décret de dépendance continuelle envers des sources extérieures –la religion, le gouvernement et les gens au pouvoir.

Telle a été l'histoire, mais tout cela peut changer : il suffit que nous *nous* placions dans la catégorie des gens au pouvoir.

L'humanité le fera-t-elle ?

Je réponds oui, et cela se fera lorsque le pouvoir des gens et le pouvoir de Dieu seront réconciliés, lorsque l'un ne servira pas à dévaloriser ou à déshonorer l'autre.

* * * * *

Beaucoup de gens me demandent ce qu'ils peuvent faire pour aider à changer le monde, ce que chacun peut faire.

Une personne peut faire bien des choses. La première est de *tirer parti* de l'intention individuelle, en l'élargissant jusqu'à *des proportions dont l'influence sera mondiale.* Il suffit d'utiliser l'Effet multiplicateur.

Voici quelques suggestions quant à la manière d'utiliser la Création personnelle et l'Effet multiplicateur en vue de créer la joie et le bonheur, la paix et la prospérité pour le monde entier :

- Formez un groupe de Focalisation de la Création pour le monde entier. Parlez-vous tous une fois la semaine par téléphone (ce groupe peut être mondial !) et passez trois minutes à focaliser votre attention combinée, avec une intention claire, sur un résultat précis que vous voulez voir dans le monde. Focaliser la Création pour les autres, plutôt qu'uniquement pour soi, est un outil merveilleux et puissant. Cet usage de l'Effet multiplicateur peut donner des résultats renversants, d'une façon étonnamment rapide.

- Rappelez-vous que l'essentiel est l'attention collective avec une *claire intention.* Ne vous contentez pas de penser à un problème dans le monde. Pensez surtout au *résultat que vous avez l'intention d'obtenir.* J'appelle cela l'Attention d'Intention. Je peux vous assurer, à partir de mon expérience personnelle, que c'est extrêmement efficace.

- Ne choisissez pas de résultat trop générique comme « la paix mondiale » ou « une plus grande prospérité pour tout le monde ». Suscitez plutôt un résultat particulier. Songez à des mots qui décrivent des expériences précises. Voyez-en les résultats. Faites se dérouler des scènes sur l'écran de cinéma de votre esprit. Invitez votre groupe à le faire aussi. Une expérience intéressante serait de véritablement *dessiner* des images de l'avenir. Ce peut être des images simples, des personnages esquissés. Vous n'avez pas à être un grand artiste pour coucher sur papier les visions que vous voulez voir se manifester dans la réalité. Une autre technique consiste à créer un Tableau de vision des résultats que vous voulez manifester, avec de véritables photographies découpées dans des journaux ou des magazines, peu importe où vous les trouvez. Découpez une image d'un festin familial et, derrière, écrivez : *Les humains qui meurent de faim dans le monde.* Ces techniques, entre autres, peuvent fonctionner, et fonctionnent. Ce ne sont que des outils simples qui permettent de focaliser précisément vos pensées et de soulever vos sentiments, donc votre énergie spirituelle.

- Ne changez pas de semaine en semaine le résultat que vous voulez susciter; continuez plutôt à focaliser sur un seul résultat pendant au moins plusieurs séances.

- Si vous voulez augmenter la puissance de la focalisation d'énergie en période de crise aiguë dans le monde, vous pouvez choisir de loger vos appels de Focalisation de la

Création plus d'une fois par jour. En tant qu'initiateur de l'appel, vous pouvez en régler la fréquence à volonté. Ceux qui ont un empêchement attendront l'appel suivant. Faites confiance.

- Organisez un cours ou un groupe d'étude de Focalisation de la Création chez vous, deux fois par mois. Communiquez l'information que vous détenez à présent sur *les trois parties* du « secret ». (La troisième partie, le Comment, est merveilleusement décrite dans le livre extraordinaire d'Esther et Jerry Hicks, *La Loi de l'Attraction*, que vous pouvez utiliser en tant que manuel. Vous voudrez peut-être aussi obtenir et visionner le film *Le Secret*. Puis, passez à d'autres textes qui traitent également de ce merveilleux outil, y compris celui que vous tenez entre les mains, et aux autres titres déjà mentionnés dans ce texte.)

- Joignez-vous à une communauté planétaire qui choisit d'utiliser l'Énergie d'attraction à des fins plus élevées que l'enrichissement personnel et la satisfaction de désirs personnels. (À la fin de ce livre [dans la postface], vous trouverez une note indiquant comment faire.)

- Abonnez-vous au bulletin électronique mensuel Creating For All The World, et *contribuez à son contenu*. Parlez au monde de vos expériences de Création personnelle, à la fois pour vous-même et pour votre entourage, et invitez d'autres gens de partout sur la planète à se joindre à ce processus de Focalisation de la Création afin que tous tirent *un bonheur insoutenable* de la joie et de la félicité de cette communion avec Dieu par la Création personnelle.

- Écoutez la téléconférence mensuelle *Focusing Creation*, à laquelle des gens du monde entier se joignent pour entendre une nouvelle « miniconférence » et poser des questions et communiquer comment ils apportent la paix et l'harmonie, la joie et l'abondance, la plénitude et le miracle de la prise de conscience de soi aux gens du monde et dans leur propre vie.

Ce ne sont là que quelques-unes des choses que vous pouvez faire pour élargir l'envergure et l'horizon de votre travail de Création personnelle et, ce faisant, pour que l'« attraction » soit le plus merveilleux outil que le monde ait jamais connu pour créer la Paix sur la Terre et la joie dans le cœur collectif de l'humanité.

Finalement, *ne vous excluez pas.* Rappelez-vous ce qui a été dit ici. Il est tout à fait correct de vous inclure dans la liste des gens du monde entier pour lesquels vous voulez susciter la paix, la prospérité et l'amour. Permettez-vous d'utiliser l'Énergie d'attraction pour susciter toute la joie et l'émerveillement que la vie peut vous apporter, sous la forme que vous choisirez avec bonheur!

Chapitre vingt-sept

Plus heureux que Dieu, en 17 étapes

Bon, nous avons créé un champ contextuel profond pour réfléchir aux étapes que j'ai soulignées au début de ces explorations.

Examinons donc ces formidables moyens par lesquels vous pouvez rendre votre vie plus joyeuse, plus paisible, plus satisfaisante, plus stimulante, plus gratifiante et plus agréable.

Je crois que l'humanité entière peut être plus heureuse que Dieu. Cela se produira après la seconde grande réforme religieuse de l'humanité.

Ne vous découragez pas. Cela s'en vient. C'est pour bientôt. On m'a dit, dans le dialogue *Le Dieu de demain – Notre plus grand défi spirituel* [Éditions Ariane, 2004], que cela aurait lieu dans vingt-cinq ou trente ans – ou plus tôt, en fonction de la situation dans le monde.

Le monde est moins tolérant envers lui-même. Ses habitants voient que leur façon de procéder, de cocréer la vie sur terre, n'est pas durable. Ils remarquent également que leurs comportements dysfonctionnels trouvent leurs causes dans nombre des croyances les plus fondamentales sur Dieu et la vie (mais certainement pas toutes). Attendez-vous donc, dans un avenir pas très lointain, à un changement majeur de votre expérience religieuse, laquelle deviendra ce que j'appelle la Nouvelle Spiritualité. D'ici là, vous pouvez être immensément plus heureux que jamais, sur un plan personnel – même si vous l'avez été beaucoup!

Voici 17 étapes susceptibles de vous y aider.

1. Mettez fin à la Théologie de la séparation.

Travaillez, dans votre propre vie et votre système de croyances personnelles, à éliminer toute idée de séparation par rapport à Dieu. Débarrassez-vous tout simplement de cette théologie.

La Théologie de la séparation en est une qui dit avec insistance que nous sommes « ici » et que Dieu est « là-bas ». Sa doctrine nous incite à croire que Dieu nous a séparés de lui pour nous punir de nos péchés et que notre travail consiste maintenant à retourner vers lui, ce qui n'est possible que s'il le permet, ce que Dieu ne fera que si nous obéissons à ses commandements, si nous suivons ses lois et nous soumettons à sa volonté. Bref, nous devons faire ce que Dieu veut. (Pour une exploration de ce sujet, voir mon livre *Ce que Dieu veut*, publié par Ariane.)

Cette Théologie de la séparation a engendré une Cosmologie de la séparation (soit une façon de considérer toute la vie sur cette planète à partir d'un principe de séparation), laquelle, à son tour, a donné lieu à une Sociologie de la séparation (soit une forme de socialisation, pour notre espèce, qui nous incite à agir comme des êtres séparés, en vue de promouvoir nos intérêts séparés), ce qui a généré une Pathologie de la séparation (soit un comportement pathologique qui laisse place à la souffrance, au conflit, à la violence et au suicide).

Ce n'est que lorsque notre Théologie de la séparation sera remplacée par une Théologie de l'unité que notre Pathologie de la séparation sera guérie. Nous devons enfin comprendre que toute la vie est Une. C'est notre première étape, et c'est la mienne. C'est le tremplin. C'est le commencement de la fin de l'état actuel des choses. C'est le début d'une nouvelle création, celle qui consiste à implanter dans la réalité la prochaine version la plus grandiose de la plus grande vision que vous n'ayez jamais eue de vous-même.

La Vérité cachée nous révèle que l'Union n'est pas une caractéristique de la vie… c'est plutôt la vie qui est une caractéristique de l'Union.

La vie est *l'expression* de l'Union même. *Dieu* est l'expression de l'Union même. La vie et Dieu ne font qu'un. L'Union est Dieu et la vie, en un cercle.

Lorsque nous comprenons cela, nous voyons Dieu en chacun et en toute chose. Y compris notre être divin. Nous voyons clairement que nous sommes Dieu en train de *dieuser.* C'est-à-dire Dieu en train de recréer sa Divinité. Dieu, tout comme la vie, évolue. Dieu ne reste jamais le même, mais devient, à chaque instant, plus grand et davantage ce qu'il *est.*

Dieu est maintenant davantage tout ce qu'il était il y a une nanoseconde. Quand nous résoudrons notre propre affaire de « fausse identité », quand nous nous identifierons à Ce Qui Est Dieu, nous serons aussi heureux que Dieu.

Mais maintenant, suivez bien mon raisonnement : Si nous employons le terme « Dieu » pour indiquer la Divinité collective, et le terme « vous » pour indiquer l'Individualisation de la Divinité, et si un jour vous élevez votre conscience à un niveau tel que vous serez plus heureux que beaucoup d'autres individualisations… eh bien, alors, vous serez *plus heureux que « Dieu ».*

L'Individualisation qui est « Vous » aura une conscience plus élevée que la majorité des autres Individualisations de la Divinité que nous appelons « Dieu », tout comme les messagers, les avatars et les maîtres antérieurs (Bouddha, Moïse, Jésus, Mahomet, et d'autres) ont élevé *leur* conscience individualisée au-dessus de la conscience collective. Ils ont alors eu pour mission d'*élever la conscience collective* de l'humanité, afin que la *Totalité Qui Est*

Dieu puisse évoluer encore davantage et s'étendre dans la conscience totale.

C'est ce que nous sommes en train de faire ici.

Toute la vie est divine, et lorsque nous la traiterons ainsi, nous changerons tout. Car, comment un seul aspect (une seule Individualisation de la Divinité) peut-il être totalement heureux, alors qu'une autre Individualisation est totalement malheureuse ? C'est impossible. Ainsi, nous nous élèverons les uns les autres afin de pouvoir *tous* nous sentir, un à un, « plus heureux que Dieu ».

« Je suis venu afin que vous puissiez avoir la vie, et ce, en abondance », a dit le Maître. Et le Maître en vous dira un jour la même chose. Lorsque la Terre sera ainsi transformée, une personne à la fois, les enfants ne mourront plus de faim. Des millions de gens ne souffriront plus d'oppression. Aucune nation ne luttera contre une autre. Lorsque nous accorderons à chacun le même traitement qu'au Divin, il n'y aura plus de guerre.

2. Restez en contact avec qui vous êtes.

Rappelez-vous que vous n'êtes pas votre corps, mais une âme qui accompagne le corps sur la route de la joie. Que votre âme est une part éternelle de Dieu. Et que Dieu et vous ne faites qu'un. Alors, faites le point sur ce qu'il y a de plus important pour cette Individualisation de la Divinité qui se manifeste maintenant sous votre forme, ici et maintenant. Traitez chaque personne, et chaque chose, comme si elle s'accordait parfaitement à l'ensemble et qu'elle était parfaitement en phase avec les intentions de votre âme. Comprenez qu'en raison de Qui Vous êtes, rien ne peut vous nuire, et vous n'avez besoin de rien pour être absolument heureux en ce temps et en ce lieu de votre existence éternelle.

En définitive, considérez-vous comme un Être spirituel ayant un corps, en mission sacrée de prise de conscience de soi et d'autocréation.

D'abord, prenez conscience de Qui Vous Êtes Vraiment, puis recréez-vous à nouveau sous la prochaine version la plus grandiose de la plus grande vision que vous en ayez jamais eue. Chaque jour, votre tâche – qui n'est pas aussi difficile qu'elle paraît l'être au départ – consiste à vous rappeler votre identité. Retenez votre identité. Recréez-la. Rappelez-vous votre identité en dépit de toute preuve du contraire.

Retenez votre identité en dépit de toute situation qui la nierait.

Recréez votre identité même lorsque la vie vous invite à rester sur place.

3. Procurez aux autres toute expérience que vous recherchez.

La façon la plus rapide et la plus facile de retenir votre identité est de placer les autres en contact avec la leur. La façon la plus rapide d'avoir une expérience est de permettre à d'autres d'avoir la même. Si vous voulez faire l'expérience de votre Soi divin et de votre véritable identité, faites en sorte qu'un autre fasse l'expérience de son Soi divin et de sa véritable identité.

Redonnez les gens à eux-mêmes.

Vous pouvez le faire de cent manières, en un millier de vies, en un million d'instants.

Tout ce dont vous voulez faire l'expérience au cours de votre vie, permettez à un autre d'en faire l'expérience au cours de la sienne. Si vous désirez faire l'expérience de l'amour, faites en sorte qu'un autre soit aimé. Si vous voulez faire l'expérience de l'abondance, faites en sorte qu'un autre connaisse l'abondance. Si vous souhaitez faire l'expérience du succès, faites qu'un autre en ait. Si vous voulez faire l'expérience du pouvoir, faites qu'un autre ait de la puissance. Si vous désirez faire l'expérience de la sagesse, faites qu'un autre soit sage. Si vous voulez faire l'expérience d'être courtisé, faites qu'un autre le soit. Si vous voulez faire l'expérience du pardon, faites qu'un autre soit pardonné. Si vous voulez faire l'expérience de la sécurité, faites qu'un autre soit en sécurité. Si vous désirez faire l'expérience d'un partenariat parfait, faites qu'un autre soit en partenariat parfait. Si vous voulez faire l'expérience de la paix, faites qu'un autre soit en paix.

Ce que j'entends par là, c'est qu'il vaut mieux commencer la Création personnelle avec un autre. Focalisez d'abord sur l'autre, toujours l'autre, jamais d'abord sur le Soi. Ainsi, ce que le Soi veut vivre sera accompli sept fois. Tout ce que vous voulez créer pour vous-même, créez-le pour un autre. C'est l'Énergie d'attraction à sa puissance la plus élevée.

Pourquoi cela fonctionne-t-il ? Ce que vous donnez à un autre, vous l'apportez au Soi, car dans l'ultime réalité, il n'y a personne d'autre. Il n'y a que le Soi. Lorsque vous comprendrez cela, vous comprendrez tout ce que vous aurez jamais besoin de savoir sur la façon d'être plus heureux que Dieu.

4. Sachez clairement que rien de ce que vous voyez n'est réel.

Nous vivons dans le monde de l'illusion. (Vous trouverez dans *Communion avec Dieu* [Éditions Ariane, 2001] un extraordinaire exposé des dix illusions des humains.) Vous comprendrez votre relation véritable avec tout ce qui vous entoure lorsque vous vous verrez comme un magicien en train d'observer ses propres tours. Amusez-vous, mais n'oubliez pas un seul instant que tout cela est une illusion. N'oubliez surtout pas que c'est vous qui *créez* l'illusion. Tâchez toutefois de ne pas vous y perdre.

En somme, restez au-dessus de la mêlée en remarquant que vous créez toute votre expérience. Les circonstances extérieures peuvent se présenter de bien des manières, mais celle que vous choisissez pour y répondre et y réagir vous appartient entièrement. Dès que vous choisissez votre réaction, avec une liberté et une conscience entières, vous vous recréez à neuf. C'est l'instant de puissance, le moment magique.

C'est l'instant intentionnel, dans lequel ce que vous choisissez de devenir se révèle dans la réalité dont vous faites l'expérience. C'est là que vous prenez une décision à propos de vous-même et que vous vous voyez en train d'être ce que vous avez choisi d'être séquentanément *– soit l'expérience d'une chose qui se déroule à la fois séquentiellement et simultanément.*

Sachez toujours que peu importe ce qui arrive, vous seul décidez entièrement de la façon dont vous en faites l'expérience.

5. Déterminez que vous n'êtes pas votre scénario.

Afin de faire l'expérience de ce qui se produit de façon à conserver votre bonheur, vous devrez sans doute laisser tomber votre scénario.

Votre scénario, c'est toute l'information que vous avez rassemblée sur ce qui est survenu dans votre vie, et la réalité que vous avez fabriquée sur le genre de personne que vous êtes et sur le comment vous en êtes arrivé là. Par exemple, à l'âge de huit ans j'ai été jeté dans l'eau. Comme je ne savais pas encore nager, j'étais en train de barboter dans une chambre à air lorsque des petites brutes ont décidé de me faire peur en me faisant basculer dans l'eau, dont la hauteur dépassait de loin ma taille. Ils ne savaient pas que je ne savais pas nager, mais moi, *je le savais*, et je n'ai jamais oublié cette peur glaciale qui s'est rapidement changée en panique accablante alors que je battais des bras, essayant d'aspirer de l'air. Pendant de nombreuses années, même à l'âge adulte, je ne suis pas allé dans l'eau. Du moins, pas à une profondeur qui m'empêchait de toucher le fond avec mes pieds.

Nous avons tous des histoires semblables, et ensemble nous en avons un million. Nos histoires sont composées d'incidents, grands ou petits, étalés sur toute une vie. Nous devenons la somme de ces rencontres – sauf dans le cas contraire. À un moment donné, il nous arrive peut-être d'abandonner une vieille idée de nous-mêmes parce que nous comprenons que nous devons le faire pour continuer à vivre.

Le bonheur ne se retrouvera jamais dans votre histoire; il sera seulement dans la plus récente et plus grandiose décision que vous prendrez sur vous-même et les autres. Cela peut signifier que vous devrez vous dire, concernant beaucoup de choses qui se sont déroulées : « C'est du passé, voici le présent. » Aucune de ces choses n'a d'influence sur ce qui se passe en ce moment.

Un garçon a été élevé par une mère envahissante, exigeante et encline à critiquer, pour laquelle rien n'a jamais été assez bien. À 18 ans, il décide de quitter la maison de sa mère pour mener sa vie, et semble s'être assez bien adapté. À 23 ans, il tombe amoureux et se marie. Quelques mois plus tard, sa femme trouve un peu agaçant l'un de ses traits de caractère. (Ce n'est peut-être pas grand-chose. Ce peut être une trait insignifiant, en réalité, du genre il ne remet jamais le bouchon du tube de dentifrice…) Elle le lui mentionne, et il éclate : « Hé! Fiche-moi la paix! Écoute… fiche-… moi… la… paix. » Elle le regarde, étonnée. D'où sort cette réaction?

C'est l'effet de son esprit réactionnel. Mais l'invitation à la transformation consiste à agir à partir de votre esprit créatif. À vous recréer à nouveau, tel que vous voudriez être, non comme vous avez toujours été. Même si vous avez de bonnes raisons d'être ainsi.

Il est important de bien saisir que votre subconscient n'établit pas de différence entre le passé et le présent. Il retient toute l'information dans un endroit où le temps n'existe pas. Voilà pourquoi vous pouvez vous éveiller en sursaut lorsque vous rêvez à quelque chose qui a eu lieu il y a vingt ans. Votre subconscient (qui contrôle la plupart des systèmes de votre corps, d'ailleurs) ne sait pas que ce que vous vous rappelez n'est pas vraiment en train de se dérouler.

Réagir, c'est faire exactement ce que ce mot sous-entend : « agir de nouveau comme avant ». C'est là un moyen sûr de se rendre malheureux, car le plus grand bonheur est dans la création, non dans la réaction.

Ce que je dis en somme, c'est que la vie vous invite à vous créer vous-même, et l'instant dont vous faites l'expérience à tout moment et en tous lieux, comme vous voulez, non comme vous en aviez l'habitude.

Vous êtes invité à abandonner votre identité précédente, à céder l'idée que vous vous faisiez de vous-même et à faire comme si la vie recommençait à neuf pour vous, du moins quant aux décisions les plus importantes concernant qui et comment vous êtes. Dans certains cercles, cela s'appelle renaître.

6. N'ayez que des préférences.

Beaucoup de gens se rendent malheureux tout simplement parce qu'ils croient impossible d'accepter la vie telle qu'elle se présente. Rien n'est jamais assez bien ni tout à fait au point. À l'instar de la princesse au petit pois, ces gens ne pourront jamais être assez à l'aise dans leur situation ni avec leur entourage. Rien ne marche, rien n'est assez bien, assez rapide, assez grand pour eux. Tant qu'il y aura du beau temps et du mauvais temps, ces gens trouveront une raison de ne pas être complètement heureux. Incapables de célébrer ce qui est, ils condamnent ce qui n'est pas.

Célébrer ou condamner, tel est le choix de chaque instant. Choisissez le premier, non le second, et votre vie sera à jamais remplie de sourires. Voyez-vous, il y a une façon d'être plus heureux que Dieu : c'est de ne pas exiger autre chose que ce qui se présente dans l'instant.

Cela ne veut pas dire ne jamais chercher à changer quoi que ce soit. Cela signifie plutôt ne pas fonder votre bonheur sur le fait que ce changement se produise ou non. C'est passer de la dépendance à la préférence dans votre manière de vivre.

Si on vous offre un bol de glace à la vanille, mais qu'en réalité vous préférez celle au chocolat, il est parfaitement acceptable (et même très sain) d'indiquer votre préférence. (« Merci, vraiment, vous êtes très gentil. Mais puis-je vous demander s'il y a de la glace au chocolat dans la maison ? Pour être honnête, c'est ma préférée ! ») Ce genre d'échange vrai pourrait permettre de vous définir, de satisfaire votre préférence ! Le pire qui puisse survenir est que vous ayez celle à la vanille, en fin de compte, ce qui est bien aussi, car votre goût pour le chocolat est une préférence, non une dépendance.

Vous pouvez toujours savoir si vous avez une dépendance, non une préférence, pour une chose, en voyant si son absence vous fait perdre votre bonheur.

Dans l'exemple ci-dessus, on présume que vous ne seriez pas malheureux si vous n'aviez pas de glace au chocolat et que vous seriez parfaitement heureux avec celle à la vanille. Le chocolat n'est alors qu'une préférence, non une dépendance.

Dans la vie, il s'agit de changer vos dépendances en préférences. J'ai d'abord été initié à ce concept par l'extraordinaire *Manuel pour une conscience supérieure* de Ken Keyes. Je recommande à chacun ce livre profondément révélateur.

Pour transformer les dépendances en préférences, il suffit d'examiner honnêtement à quel point cela vous manquerait si vous n'obteniez pas ce dont vous croyez avoir besoin sur-le-champ. Souvent, cela vous manque beaucoup moins que vous ne l'auriez cru.

En définitive, il y a toujours quelque chose à célébrer, aussi longtemps qu'on est en vie. Voir votre tasse à moitié pleine plutôt qu'à moitié vide, c'est plus qu'un aphorisme niais. C'est la clé du bonheur durable.

Si vous sortez de votre scénario assez longtemps pour jeter un regard honnête et donner une bonne chance à la vie, vous remarquerez que dans presque chaque cas la vie se présente dans l'instant avec tout ce qu'il vous faut pour être en paix et satisfait. Pour en faire l'expérience, il vous suffit de changer votre exigence de cet instant présent.

Et cela est vraiment très facile. Il s'agit tout simplement de changer ce dont vous croyez avoir besoin en cet instant. En vérité, vous n'avez besoin de rien de particulier. Le « besoin » est l'une des dix illusions des humains. Il n'est pas réel. Il vous est peut-être difficile d'intégrer cette idée à votre réalité vivante, mais il n'est pas si difficile de voir que, certes, la plupart des choses dont vous croyiez ne jamais pouvoir vous passer n'étaient pas du tout nécessaires. Vous avez trouvé le moyen non seulement d'exister, mais de sourire, de rire et d'être heureux sans elles.

L'« obligation » est une autre des dix illusions des humains. (Pour consulter la liste complète, avec explications, voir l'annexe.) C'est l'illusion qui suggère ce quelque chose que vous devez absolument et impérativement avoir pour vivre. Mais il n'y a rien que vous devez avoir, mis à part ce que vous avez maintenant, qui est le Soi tel qu'il est vraiment. Vous ne pouvez mourir, et votre vie ne peut finir, car vous êtes la vie même, qui se manifeste. Lorsque vous le comprendrez, vous ne craindrez plus la mort ni la vie. Et vous ne sentirez plus le besoin urgent et anxieux de quoi que ce soit en particulier. Cela changera tout.

7. Voyez la perfection.

Voyez toute chose pour ce qu'elle est, soit l'événement parfait, qui survient au moment parfait, pour vous fournir l'occasion parfaite d'exprimer parfaitement la perfection même. En ce qui vous concerne personnellement, la perfection est le Soi que vous avez choisi d'être et que vous choisissez à présent de montrer et de vivre. C'est une chose que la plupart des gens ne peuvent avouer et qu'ils refusent de reconnaître, mais c'est la vérité. Ce que j'ai appris au cours de mes interactions directes avec Dieu, c'est que je suis entier, complet et parfait tel quel. Et vous aussi.

Cela s'applique au saint comme au pécheur, à l'ange comme au vaurien. Il n'y a pas de pécheurs ni de vauriens dans le monde de Dieu. Il n'y a que des Individualisations de la Divinité, dont certains ont oublié Qui Elles Sont Vraiment.

À chaque instant en or du présent, nous avons l'occasion d'utiliser cet instant et tout ce qu'il détient et offre, pour nous *rappeler* Qui Nous Sommes Vraiment – et ensuite le montrer. La vie nous offre les cadeaux de l'éternité et de l'infini pour que nous puissions d'abord nous connaître par notre propre expérience... puis nous recréer à nouveau sous la prochaine version la plus grandiose de notre plus grande vision de Qui Nous Sommes.

Tel est le processus que nous appelons l'évolution. C'est Dieu en train de *dieuser*.

En somme, ne jugez point ni ne condamnez les gens et les événements que la vie vous apporte. Demeurez dans la conscience de les avoir attirés vous-même, pour combler le potentiel de la vie, sa promesse, et son but.

William Shakespeare a écrit ceci : « Rien n'est mal en soi, seulement dans la pensée. » Par ces mots, il entendait que tout dépend du sens qu'on donne aux choses. Par cette révélation, il nous a offert les clés du royaume.

8. Évitez le drame.

Rappelez-vous que rien n'a d'autre sens que celui que vous lui donnez. Répétez-vous cela doucement à chaque instant de stress ou de contrariété : *Rien n'a d'autre sens que celui que je lui donne.*

C'est une variante de l'aphorisme de Shakespeare, et je l'ai découverte dans *Un Cours en miracles*. Ces douze mots peuvent changer toute votre expérience de la vie. Ils peuvent arrêter net le drame, diminuer de moitié le trouble et la détresse émotionnelle. En fait, ils peuvent les éliminer complètement.

Mémorisez ces douze mots et faites-en votre mantra lorsque votre journée semble se défaire – ou votre carrière, votre relation, tout ce que vous avez si soigneusement confectionné et mis en place.

Rappelez-vous que très souvent, lorsque la vie paraît se défaire, elle peut en réalité s'assembler pour la première fois.

Lorsque, enfant, je m'en faisais, ma mère me disait : « Quelle importance ça aura, d'après toi, quand tu auras 90 ans ? » Cela me calmait un peu, mettant fin à cet apitoiement sur moi-même qui ne faisait de bien à personne (surtout pas à moi).

« Si tu crois que tu t'en feras avec ça quand tu seras assis sur ton balcon à 90 ans, alors inquiète-toi. Si tu penses que tu seras malheureux à cause de ça, sois malheureux maintenant. Sinon, laisse tomber. » C'est ce que me disait maman.

J'adore ces mots. Laisse… tomber.

Laisse…

Tomber…

Respirez, et relaxez-vous.

En somme, ne bondissez pas en mode réactionnel dès la première apparition d'une énergie négative. Efforcez-vous sérieusement de demeurer dans l'espace de « création ». Comprenez que ce que vous voyez maintenant n'est peut-être qu'un effet de la Loi des contraires dans le processus de Création personnelle. Entrez dans un espace de gratitude aussi souvent que possible… et ne craignez pas de recourir à l'humour pour y parvenir. À mon avis, l'autodérision est tout à fait ce qu'il faut. C'est absolument ce qu'il y a de mieux. Pour balayer la contrariété et le drame inutile de ma vie, il me suffit de rire de moi-même. C'est là un grand remède.

9. Comprenez la tristesse.

Il y a une différence entre la tristesse et le malheur. Au cours de l'écriture de ce livre, ma chienne, Lady, est morte. Elle avait été ma compagne pendant quatorze ans. Depuis un an, elle souffrait de plus en plus de diverses maladies. Vers la fin, elle était complètement sourde et pouvait à peine marcher. Durant les derniers jours, elle était même incapable de se soulever.

J'étais triste quand elle est morte, mais je n'étais pas malheureux.

Voyez-vous la différence ?

Ce n'est pas une différence négligeable ni *une distinction insignifiante.*

J'étais triste que Lady ne soit plus avec moi, mais heureux qu'elle ne souffre plus. J'étais heureux – très heureux – qu'elle ait poursuivi son voyage, en célébrant sa date de prorogation.

J'étais même « heureux d'être triste », car ma tristesse *m'apprenait* quelque chose *de* moi. Elle disait que j'étais plein de bienveillance et d'amour. Que j'étais humain et qu'en dépit de la façon dont le monde se manifestait autour de moi, désensibilisant chacun, j'étais resté en contact avec mon humanité.

Oui, j'étais *heureux* de ma tristesse et de ce qu'elle me disait de Qui Je Suis. Cela me faisait du bien d'être triste. Votre tristesse n'a pas à vous rendre malheureux. Lorsqu'elle indique votre position sur la voie de votre évolution, cette tristesse peut vous permettre de confirmer intérieurement la profondeur de vos sentiments et, ainsi, qui vous êtes en tant que personne et qu'être spirituel.

Par conséquent, lorsque quelqu'un meurt, permettez-vous d'avoir du chagrin. Lorsque quelqu'un vous blesse, permettez-vous d'être triste. Et surtout, lorsque vous blessez quelqu'un d'autre, permettez à la tristesse d'accompagner votre regret. Offrez-vous le cadeau de la tristesse, et vous découvrirez que vous guérissez plus rapidement à partir de chaque expérience qui vous inciterait à oublier votre identité complète.

En somme, ce n'est pas parce que vous êtes triste que vous devez cesser d'être plus heureux que Dieu – plus heureux qu'avant. Le bonheur est cumulatif. Plus vous le sentez, plus il grandit. Je me sens plus heureux maintenant qu'à l'époque où Lady a posé son corps pour la dernière fois. Je me sens plus heureux aujourd'hui que lorsque j'avais 50 ans, plus heureux qu'à 30 ans, plus heureux, en fait, que je ne l'ai jamais été de toute ma vie.

Et j'ai appris comment contenir ma tristesse et la garder dans mon bonheur, en en faisant une merveilleuse partie de ce dernier. En effet, j'ai appris que le « bonheur » s'atteint par le simple processus d'accueillir toute la vie exactement telle qu'elle est. (Nous y reviendrons.)

10. Cessez de vous disputer avec la vie.

Le manque de bonheur ressenti dans notre vie provient en grande partie de nos jugements. Nous avons tendance à tout juger. Les gens qui nous entourent, les situations qu'ils présentent, les événements du moment et, bien sûr, nous-mêmes.

Certaines personnes ne ratent pas une seule occasion d'entrer dans leur espace de jugement. Comme si la vie même est en procès. Constamment.

Ce qu'il y a de particulièrement intéressant en ce qui concerne le jugement humain en général, c'est que les gens ne se servent même pas d'une mesure objective pour fixer leurs choix. Ils utilisent surtout leur expérience, leurs idées, leur propre scénario pour décider de leur conduite envers les autres.

Il ne leur vient jamais à l'esprit, bien sûr, que ce pourrait être *leur* expérience, *leurs* idées, *leur* scénario qui sont un peu de travers. J'ai observé cela avec suffisamment de distance pour conclure que je le fais sans doute aussi. J'ai donc fourni un véritable effort pour réfléchir sur moi-même au lieu de juger les autres. Lorsque je suis tenté de juger, je regarde en moi pour voir quand *j'ai* agi ainsi dans *ma* vie, où *j'ai* engendré de tels résultats dans *ma* vie, comment *j'ai* commis de telles erreurs dans *ma* vie. Soudainement, la compassion arrive à toute vitesse, repousse le jugement – et m'empêche de condamner.

En définitive, le jugement n'a pas de place dans un cœur aimant. Mais rappelez-vous, le jugement n'est pas le discernement, et l'observation n'est pas le jugement. Il est parfaitement sain d'user de discernement, et parfaitement naturel de formuler des observations. Une « remarque » dit « alors, voici ». Un jugement dit « et alors ? ».

Surtout, ne vous jugez pas. Car Dieu ne vous jugera pas, jamais. Pas maintenant ni jamais. C'est la vérité derrière la vérité. C'est la parole qui ne peut être dite. C'est le blasphème des blasphèmes. Le jugement et la condamnation, qui font partie des dix illusions des humains, n'ont aucune réalité.

11. Abandonnez toute attente.

Rien ne présente un plus grand obstacle au bonheur à long terme (ou d'ailleurs à court terme) que les attentes. Abandonnez-les immédiatement et ne les entretenez plus jamais, sur quiconque ou quoi que ce soit.

Oubliez comment vous estimez que les choses « devraient » aller. L'univers ne connaît pas le mot « devrait ». Ce « devrait » est une construction humaine, artificielle, qui n'a rien à voir avec l'ultime réalité. Sachez que les tours et détours qui nous écartent du sentier que nous croyions prendre ne sont pas du tout des détours, mais le chemin le plus rapide du point de départ vers notre destination – sinon, nous n'y cheminerions pas.

Sachez en toute confiance que Dieu sait ce qu'il fait. Sachez que la vie conspire toujours en votre faveur. Comprenez qu'une attente n'est qu'une idée que vous vous faites, laquelle ne tient pas compte, et ne peut tenir compte, du complexe entrelacs des trajectoires de vie que nous avons tous entreprises, d'une façon séquentielle et simultanée, dans l'expérience cocréative et collective de l'Âme unique, qui s'exprime par le Multiple.

Autrement dit, il se passe plus de choses qu'en apparence. Il y a plus d'un programme en cours. L'objectif est unique, mais le processus est multiple. Si vous en êtes toujours conscient, vous découvrirez qu'en vous accrochant à des attentes, vous ne faites qu'entraver le Plan parfait et son déploiement par tous ses acteurs sur la scène de la vie.

Somme toute, les explications imposent une limite à la définition de la perfection, et cette limite contracte votre création de la perfection même. Par conséquent, n'ayez pas d'attentes et acceptez tout ce que vous recevez. Accueillez tout ce qui se présente. Aimez ce qui est.

Il y a quelques années, Byron Katie a écrit un livre extraordinaire, intitulé Aimer ce qui est [Éditions Ariane, 2003]. *Je l'adore.*

12. Ayez de la compassion pour vous-même.

Ne vous donnez pas tort pour toute expérience négative à laquelle vous pourriez être confronté (même si vous avez l'impression de le « mériter » ou de « l'avoir attiré à vous » – en fait, *surtout* si vous avez ce sentiment). Ayez plutôt de la compassion pour vous et sachez que Dieu vous a donné le pouvoir intérieur de vous changer, de changer vos motivations, vos comportements, vos conditions extérieures et votre vie, dans l'instant qui suit. Rappelez-vous toujours que vous n'êtes pas votre pensée ni qui vous étiez hier ou même il y a un moment. Laissez chaque nouveau jour, chaque nouvelle heure, chaque nouvel instant marquer un nouveau départ. Même si c'est le dernier moment de votre vie, il n'est pas trop tard pour déclarer votre nouvelle identité la plus grandiose, et la proclamer.

En définitive, la transformation est une question d'instant; elle nous est ouverte et disponible à chaque seconde. La vie commence à nouveau lorsque vous affirmez qu'elle le fait. Par conséquent, soyez gentil envers vous-même, à propos de vous-même. Adressez vos tendres adieux à vos défauts, à vos faiblesses et à vos défaillances (imaginaires), et rappelez-vous toujours ceci : si vous vous voyiez comme Dieu vous voit, vous auriez un large sourire.

13. Dites votre vérité dès que vous la connaissez.

La plus grande leçon que j'aie apprise dans ma vie tourne autour de la vérité. La Vérité absolue n'existe pas au sens objectif, mais il existe une vérité subjective, *ce qui est vrai pour vous,* et c'est d'une extraordinaire importance dans votre vie.

Cherchez à vivre avec authenticité, à être pleinement vous, car si vous vivez en ne montrant que la moitié de vous, si vous n'en faites connaître que la moitié, si vous n'en exprimez que la moitié, le malheur est garanti.

Ne cachez à personne votre vérité personnelle, vos sentiments authentiques, votre expérience immédiate – surtout pas à vos proches ou à votre bien-aimé.

D'ailleurs, ce sont souvent ceux dont nous nous cachons le plus. Habituellement, nous le faisons parce que nous ne voulons pas les blesser. Ou peut-être parce que nous ne voulons pas les perdre.

Dès lors, nous les maintenons en place en les gardant dans le doute, en les tenant dans l'ignorance, en ne leur disant pas tout ce qui est vrai pour nous. C'est exactement le contraire de ce dont nous bénéficierions le plus en le faisant, mais nous nous écartons sans cesse de l'expression de nos sentiments, de nos espoirs, de nos peurs et de nos désirs les plus sincères. Et ce n'est pas du tout vivre, mais mourir.

La mort vient lentement, mais sûrement. Un matin, nous nous réveillons et nous ne nous sentons tout simplement plus en vie.

Alors, exprimez votre vérité dès que vous la connaissez. Ne croyez pas ménager une autre personne en vous retenant ou en taisant quelque chose. Un maître merveilleux m'a un jour enseigné ceci : « Dis ta vérité, mais adoucis tes paroles par la paix. Tu peux partager la vérité la plus difficile avec gentillesse. Fais-le. Ne pense pas qu'en retenant ta vérité, tu empêches les autres d'être blessés. Tu ne le fais pas. Tu les tues doucement par ta chanson. Et c'est fourbe et malhonnête. »

En somme, pour être plus heureux que Dieu, il faut être vrai. Dites la vérité à chacun sur tout, puis vivez votre vérité, à chaque instant et de toutes les façons. Ainsi, vous serez à jamais heureux dans votre cœur, car la vérité donne des ailes à l'âme, libère l'esprit, ouvre le cœur, allume la passion et libère l'amour de l'âme.

14. Observez les énergies, saisissez la vibration.

Observez les énergies qui vous entourent. Écoutez- les. Ressentez leur vibration. Ce sont les trois niveaux de réception.

Vous pouvez recevoir les énergies en les voyant, en les entendant et en les ressentant.

L'énergie que vous voyez s'appelle la *lumière*. Celle que vous entendez s'appelle le *son*. Celle que vous ressentez s'appelle le *sentiment*.

Le sentiment est le langage de l'âme.

Soyez attentif aux énergies de la vie. À tout moment, vous en recevez et en envoyez. Les énergies que vous envoyez résonnent-elles avec celles que vous recevez ?

Le bonheur est l'état de résonance le plus élevé. C'est une excellente nouvelle : le bonheur n'est pas une chose qui nous tombe du ciel, mais qu'il nous est possible de créer.

Pour créer du bonheur, il suffit d'établir une résonance entre votre état intérieur et ce qui vous entoure. Par exemple, vous pouvez assortir l'énergie des vêtements que vous portez à votre humeur du jour. En réalité, vous le faites automatiquement. Vous pouvez assortir l'énergie de vos aliments à celle de votre corps, à tout moment.

Voilà des exemples simples. Apprenez à rester à l'écoute de vous-même. Sentez la vibration de votre nature, de qui vous êtes, puis ne faites rien et n'ayez aucun contact majeur avec quiconque ou quoi que ce soit si vos vibrations ne correspondent pas.

Je ne peux aller voir un film, écouter de la musique, me nourrir d'aliments, ou porter des vêtements, ni même dire des *mots* ou entretenir des *pensées* avec lesquels je ne suis pas en résonance.

Vous pouvez *sentir* ces choses. Vous pouvez passer la main au-dessus de votre nourriture pour vraiment *sentir* si elle vous convient maintenant. Vous pouvez sentir les gens, les espaces, les couleurs et… *tout*; il suffit d'être attentif à votre expérience extérieure, à votre expérience intérieure. Assurez-vous d'être *en résonance* avec les gens, les lieux et les choses qui vous entourent.

Et *écoutez.* Il suffit d'*écouter.* Écouter est un grand art. Savez-vous qu'il vous est possible de rendre des gens heureux *tout simplement en les écoutant*? Que vous pouvez devenir heureux en écoutant les autres? Écouter est l'une des façons les plus riches de faire l'amour. Elle est riche en satisfaction, en joie.

Essayez d'absorber tout ce qui se déroule dans votre espace. Puis voyez s'il y a correspondance. Dans le cas contraire, sortez en douce de cet espace.

En définitive, lorsque vous suivez cette étape, vous êtes bien plus qu'heureux. Vous n'avez pas à « suivre » juste pour « suivre ». Soyez attentif à l'énergie, captez la vibration, et si elle résonne avec Qui Vous Êtes et Qui Vous Choisissez d'Être, fusionnez et cocréez avec elle. Mais si l'énergie et la vibration ne sont pas en phase avec Qui Vous Êtes et Qui Vous Choisissez d'Être, écartez-vous-en. Non pas de manière abrupte, tapageuse, critique, mais doucement, gentiment... et résolument. Ne changez pas d'idée en disant : « Bon, eh bien, je peux supporter ça... » Transformez votre expérience.

Accorder de l'attention aux énergies et aux vibrations de la vie peut vous amener à changer de régime alimentaire, d'habitudes de lecture, de genres d'émissions de télé et de films, de style vestimentaire, de façon de parler... et même de fréquentations.

Ces changements vous accueillent. Ce sont les premières étapes du voyage vers la joie.

15. Souriez.

Cela peut paraître idiot, mais c'est l'un des trucs les plus forts que j'aie vus. Chaque jour, souriez cinq fois, sans raison. Et, *bien sûr*, souriez largement et immédiatement lorsque vous *avez* une raison de le faire.

Il y a des gens qui ne sourient jamais, ou très rarement. Même lorsque toute une salle rit, ils ne peuvent sourire. Ces gens sont peut-être timides, ou profondément blessés. Ce qu'il faut savoir, cependant, c'est que sourire peut guérir ces deux états. Sourire n'est pas qu'une simple réaction. Sourire peut être un acte délibéré, intentionnel. Dans ce cas, cela devient un geste de création, et ainsi, un puissant outil.

Soyez prompt à sourire et à partager votre sourire avec d'autres. Vous éclairerez votre cœur, ainsi que la pièce.

Il y a plusieurs années, je suis tombé sur un livre formidable, *Smile for No Good Reason,* par Lee L. Jampolsky. Vous le trouverez merveilleux à lire.

En somme, souriez davantage! Un sourire change vraiment la vibration de votre corps. Il modifie physiologiquement la chimie de votre être. Il libère des endorphines qui ont un effet bénéfique pour la santé. Le saviez-vous ? Vérifiez. C'est un fait reconnu en sciences médicales.

16. Chantez.

Si vous avez trouvé *ça* simplet, attendez la suite!

Chantez.

Promettez-moi de chanter au moins une fois par jour. Promettez-le-moi. Cela changera tout. *Vous ne pouvez changer lorsque vous vous sentez minable. Et vous ne pouvez vous sentir minable quand vous chantez.*

Chantez dans la douche, tous les matins! Chantez dans la voiture! Chantez doucement à l'oreille de votre amoureux. Chantez d'une voix forte dans le parc. *Voyez l'endroit s'allumer! Voyez les sourires apparaître! Croyez-vous que quelqu'un peut résister à une personne en train de chanter? Croyez-vous que le monde peut y résister?*

Chanter relie l'esprit au cœur, et le cœur à l'âme. Alors, *chantez.* Je vous mets au défi!

En définitive, les outils et les stratagèmes par lesquels nous pouvons créer du bonheur sont si simples, d'une simplicité si élégante! Et ils sont droit devant nous. Qu'est-ce que c'est? Donner. Regarder. Écouter. Sentir. Sourire. Chanter. Mon Dieu, ça ne coûte rien!

17. Sachez quoi faire quand ça va vraiment mal.

Bien sûr, les choses vont parfois vraiment mal, et la pensée positive n'y changera rien. Les choses sont comme elles sont, voilà tout. Vous ne pouvez le cacher ou faire semblant, ni même en faire autre chose.

Que faire alors...

Premièrement, ne résistez pas à ce qui se produit. Ce à quoi vous résistez persiste. Cela vous paraîtra étrange... mais bénissez-le. Bénissez tous les gens et les événements qui vous déçoivent, qui vous assaillent comme autant de flèches.

Acceptez et recevez cette énergie, car c'est alors seulement que vous serez à même de la guérir. Ce que vous ne maîtrisez pas, vous ne pouvez le guérir. Rappelez-vous toujours cela. Vous devez donc retenir votre expérience, l'accueillir avec une douceur affectueuse, la bénir, puis la laisser repartir.

Deuxièmement, rappelez-vous que les conditions extérieures ne peuvent créer de conditions intérieures, jamais. Ainsi, même quand ça va mal, l'intérieur (votre cœur, votre âme et votre esprit) ne peut être aucunement affecté par ce qui vous est extérieur, sauf si vous en décidez autrement.

Vous avez tout de même la responsabilité de votre propre expérience.

Ce n'est pas des promesses en l'air ni un idéal inatteignable; c'est quelque chose de possible pour tous les humains, comme l'ont montré beaucoup de gens. La liste de ceux qui ont subi des épreuves énormes et de grandes difficultés dans leur vie, et qui conservaient une attitude de non-condamnation, de non-agression, une attitude paisible, est légendaire et bien trop longue pour être énumérée ici.

Ce sont des gens normaux, ordinaires, comme vous et moi. Ils ont gardé leur équilibre malgré la douleur physique, la blessure émotionnelle, la défaite personnelle et professionnelle, et bien davantage. Ailleurs, dans ce livre, j'ai déjà mentionné Nelson Mandela. Il n'est qu'un exemple de ce dont je parle. Un autre est Christopher Reeve, l'acteur dont la carrière fulgurante a été brutalement interrompue quand il a été jeté à bas de sa monture au cours d'une compétition équestre et qu'il s'est retrouvé complètement paralysé jusqu'au cou. Il y en a eu bien d'autres. Comment y sont-ils arrivés ?

D'une façon ou d'une autre, ils se sont repris en main et ont puisé en eux le courage de continuer malgré les événements auxquels ils se heurtaient, de recadrer ces événements dans leur esprit et, ainsi, de transformer et façonner leur expérience en en faisant une chose à partir de laquelle ils pouvaient grandir – et tirer des bienfaits.

Ma propre expérience de vie (j'ai passé un an de mon existence à vivre à l'extérieur, par tous les temps, en tant que « sans-abri », après avoir été lâché, les poches vides, par la sécurité sociale) m'a enseigné que l'univers est un endroit sympa, que Dieu est toujours de mon côté et que je ne suis jamais seul à affronter les épreuves et l'agitation de ma vie.

J'ai adopté une attitude très philosophique par rapport à la vie. Je me dis que tout arrive pour le plus grand bien, et je le crois. Je fais deux prières que j'adore.

Voici la première :

Cher Dieu, je te remercie aujourd'hui pour ce qui se trouve dans mon monde et dans ma vie. Je me rassure, sachant que je verrai de nouveau la douleur se changer en joie, le chagrin en contentement, et même la mort en vie éternelle.

Et la seconde :

Merci, Dieu, de m'aider à comprendre que ce problème a déjà été réglé pour moi.

Cela peut donner l'impression que je suis du genre à toujours rester calme, mais je vous assure que ce n'est pas le cas. Je sais, par contre, que je suis dans un périple qui n'a rien à voir, en définitive, avec mon corps, et qui concerne uniquement mon âme. Ainsi, je continue sur le chemin du Retour, sachant que chaque pas sur la voie me mène à mon éventuelle et ultime, et merveilleuse, réunion avec Dieu, où sont la paix, la joie et l'amour sans fin.

En définitive, Dieu est avec vous, et ce, jusqu'à la fin des temps. Et lorsque vous ferez l'expérience de l'amour omniprésent de Dieu, en vous et en tant que vous, vous serez plus heureux que jamais.

Chapitre vingt-huit

Vous êtes en train de créer une révolution

Nous sommes à la veille de l'avenir le plus extraordinaire et le plus enivrant, un avenir qui dépasse l'imagination, précisément parce qu'on ne l'a pas encore imaginé. C'est en le rêvant, en le visualisant littéralement, qu'on le produira. Jusqu'à ce jour, il n'y a pas eu suffisamment de gens pour entretenir cette vision de manière à en provoquer la création. À présent, tout cela est en train de changer.

Un changement immense se déroule sur la planète entière. Ce qui change, c'est notre façon de nous concevoir, de faire l'expérience de nous-mêmes, de nous exprimer en tant qu'êtres sensibles. C'est un mouvement qui nous éloigne de notre Vieille Pensée, celle qui nous indique de faire ce que nous ont dit ceux qui sont responsables. Un mouvement qui nous conduit vers une Nouvelle Pensée selon laquelle nous sommes responsables. Un mouvement sur lequel on a beaucoup écrit, qu'on a tourné en ridicule, caricaturé et marginalisé pendant des années. Cette fois, il est en train d'émerger sous la forme du prochain grand bond dans l'évolution de l'humanité.

Le mouvement de la Nouvelle Pensée est une *façon inédite de nous considérer* et de considérer les autres, la vie et Dieu, *d'utiliser* notre pensée en tant qu'outil de création de notre réalité.

L'humanité n'y a jamais songé auparavant. Non pas l'humanité dans son ensemble, car des individus y ont pensé, bien sûr. Tout au long de l'histoire, une poignée de gens, et même quelques groupes sélects, ont *cru que leurs pensées* étaient la clé de leur avenir. Mais l'information sur la façon d'utiliser le pouvoir de la pensée était étroitement gardée, surveillée, et étroitement contrôlée par des gens d'influence, afin qu'elle ne se répande pas dans la population, transformant l'équilibre du pouvoir des mains d'un petit groupe à celles de la majorité.

Toutefois, au cours des quelque cent dernières années (un battement de paupières par rapport à l'histoire de cette planète), tout cela a changé – et le changement a fait boule de neige.

* * * * *

Plus haut, j'ai déclaré que jamais auparavant, dans l'histoire de l'humanité, le processus de Création personnelle n'a été si répandu. Aujourd'hui, je veux ajouter que l'expansion de cette conscience n'est pas complète. La compréhension collective que nous en avons, la connaissance qu'en a notre espèce, est en croissance constante et exponentielle. Cette progression ne ressemble pas à 1-2-3-4-5, mais à 2-4-8-16-32. Avec un semblable taux de transfert de l'information, *l'évolution* devient *révolution.* C'est exactement ce qui est en train de se dérouler devant nos yeux.

Nous, qui vivons cette période extraordinaire, sommes témoins d'une révolution de la conscience de l'humanité, et de son expérience d'elle-même. En fait, nous sommes en train de la créer. Comme je l'ai fait remarquer ici en un certain nombre d'occasions, les critiques de ceux qui enseignent et utilisent la Création personnelle ont dénigré les façons apparemment égoïstes dont elle est vendue et pratiquée. Mais ces critiques sont impatients, tout simplement. *Tous* les grands pouvoirs que l'humanité a découverts et déchaînés ont d'abord été utilisés à des fins inférieures, du feu à la fission nucléaire en passant par la puissance de la pensée. Le processus même de l'évolution veut que chaque chose passe du plus petit au plus grand.

Les individus joueront avec ce nouvel outil pendant un moment, et certains d'entre eux s'en serviront pour créer des résultats strictement égoïstes. Mais accordez une chance à l'humanité. Le bricolage individuel donnera lieu bientôt à une application collective de ce qui sera rapidement reconnu comme étant la force la plus puissante jamais découverte par des êtres sensibles. En effet, il deviendra clair que c'est ce que signifie être vivant. Il sera enfin compris que la « sensibilité » ne désigne pas seulement la faculté par laquelle on perçoit le monde extérieur, mais celle *par laquelle on le crée.*

* * * * *

L'humanité ne manquera pas de saisir que l'aspect le plus enthousiasmant de la Création personnelle, c'est ce que cette dernière peut faire pour la race humaine tout entière. Des films comme *Que sait-on vraiment de la réalité ?* et *Le Secret*, des livres comme *La Loi de l'Attraction* et celui que vous tenez entre vos mains, nous ont envoyé un message sur Qui Nous Sommes et Comment Fonctionne Notre Monde, qui n'a jamais été si clairement articulé et si largement diffusé.

Bientôt, chacun, sur la Terre, connaîtra les grands Principes de vie, comment ils fonctionnent, le but pour lequel ils ont été créés, et le potentiel qu'ils détiennent de transformer le monde.

Et alors, notre Divinité nous sera révélée *par* nous – et nous *nous* en donnerons l'expérience. Et la Vérité cachée ne sera plus cachée.

Et ce jour sera vraiment béni, car nous serons tous alors…

… *plus heureux que Dieu.*

Postface

Si vous voulez vous joindre à une communauté planétaire qui cherche à utiliser le processus de Création personnelle pour susciter la paix sur notre planète et pour répandre et partager la prospérité que la paix amènera inévitablement et finalement à toutes les cultures et à tous les groupes, vous êtes invité à en explorer les possibilités à cette adresse :

www.nealedonaldwalsch.com

Bénédictions à tout le monde
et à vous

Annexe

Voici un extrait du livre *Communion avec Dieu*, où sont énumérées les dix illusions des humains et leur effet sur notre vie. Vous pouvez sentir et trouver le Créateur en vous et autour de vous. Mais vous devez aller au-delà des illusions des humains. Vous devez ne pas les respecter. Voici les dix illusions en question. Prenez-en bien connaissance, afin de pouvoir les reconnaître en les voyant.

1. Le besoin existe
2. L'échec existe
3. La désunion existe
4. Le manque existe
5. L'obligation existe
6. Le jugement existe
7. La condamnation existe
8. Des conditions existent
9. La supériorité existe
10. L'ignorance existe

Les cinq premières sont des illusions physiques, celles qui concernent la vie dans votre corps matériel. Les cinq autres sont des illusions métaphysiques, celles qui concernent les réalités immatérielles.

Les dix illusions des humains sont des illusions très fortes que vous avez créées pendant la première partie de votre expérience sur terre. Chaque jour, vous en créez des centaines d'autres, moindres. Parce que vous y croyez, vous avez créé un récit culturel qui vous permet de vivre ces illusions et, ainsi, de les rendre réelles.

En vérité, vous faites cela depuis fort longtemps.

Un récit culturel est une histoire transmise de génération en génération, au cours des siècles et des millénaires. C'est ce que vous vous racontez sur vous-même.

Parce que votre récit culturel est fondé sur des illusions, il génère des mythes, non une compréhension de la réalité.

Voici le récit culturel des humains :

1. Dieu a des intentions. (Le besoin existe.)
2. L'issue de la vie est incertaine. (L'échec existe.)
3. Vous êtes séparés de Dieu. (La désunion existe.)
4. Il y a pénurie. (Le manque existe.)
5. Vous devez faire quelque chose. (L'obligation existe.)
6. Si vous ne le faites pas, vous serez punis. (Le jugement existe.)
7. La punition est la damnation éternelle. (La condamnation existe.)
8. Par conséquent, l'amour est conditionnel. (Des conditions existent.)
9. Le fait de connaître les conditions et d'y répondre fait de vous un être supérieur. (La supériorité existe.)

10. Vous ne savez pas que ce sont des illusions. (L'ignorance existe.)

Ce récit culturel est tellement ancré en vous que vous le vivez pleinement et complètement, à présent. Vous vous dites, entre vous, que « c'est comme ça, tout simplement ».

Vous le faites depuis des siècles. Depuis des millénaires. Depuis si longtemps, en fait, que des mythes se sont développés autour de ces illusions et de ces récits. Certains des mythes les plus saillants ont été réduits à des concepts :

- Que ta volonté soit faite.
- La survie du plus fort.
- Aux vainqueurs les mains pleines.
- Vous êtes nés dans le péché originel.
- Le salaire du péché, c'est la mort.
- Mienne sera la vengeance, dit le Seigneur.
- Ce que vous ne savez pas ne peut pas vous nuire.
- Dieu seul le sait.

… et bien d'autres concepts encore, tout aussi destructeurs et inutiles.

À partir de ces illusions, récits et mythes – sans aucun rapport avec l'Ultime Réalité –, voici comment de nombreux humains en sont venus à voir la vie :

« Nous naissons dans un monde hostile dirigé par un Dieu qui nous dit quoi faire et ne pas faire, et qui nous punira par la torture éternelle si nous ne faisons pas la différence.

« Notre première expérience en cette vie, c'est la séparation de notre mère, source de vie. Cela crée le contexte de toute notre réalité, dans laquelle nous nous voyons séparés de la source de toute vie.

« Nous sommes non seulement séparés de toute vie, mais de tout ce qui est dans la vie. Tout existe séparément de nous. Et nous sommes séparés de tout ce qui existe. Nous ne voulons pas qu'il en soit ainsi, mais il en est ainsi. Nous aimerions qu'il en soit autrement et, en effet, nous nous battons pour qu'il en soit autrement.

« Nous cherchons à retrouver l'Unité avec tout, surtout les uns avec les autres. Nous ne savons peut-être pas pourquoi, exactement, mais cela nous semble presque instinctif et naturel. Le seul problème, c'est que l'extérieur ne nous comble pas. Peu importe ce que nous voulons, nous n'en avons pas assez. Nous n'avons pas assez d'amour, de temps, d'argent. Nous n'avons pas assez de ce dont nous croyons avoir besoin pour être heureux et comblés. Dès que nous croyons en avoir assez, nous en voulons davantage.

« Comme nous n'avons pas assez de ce qu'il nous faut, croyons-nous, pour être heureux, nous devons "faire quelque chose" pour en obtenir le plus possible. Nous devons faire certaines choses en échange de tout, que ce soit l'amour de Dieu ou l'abondance naturelle de la vie. Il ne suffit pas d'"être en vie". Par conséquent, nous, comme toute la vie, ne sommes pas à la hauteur.

« Parce qu'il ne suffit pas d'"être" tout simplement, la rivalité commence. S'il y a pénurie, nous devons rivaliser pour obtenir ce qu'il y a.

« Nous devons rivaliser pour obtenir tout, y compris Dieu.

« Cette rivalité est dure. Elle concerne notre survie même. Dans ce concours, seul le plus fort survit. Aux vainqueurs les mains pleines. Si nous perdons, nous vivons un enfer sur terre. Et après notre mort, si nous sortons perdants de cette rivalité pour atteindre Dieu, nous retournons en enfer – cette fois, à jamais.

« En fait, la mort a été créée par Dieu à cause des erreurs de nos ancêtres. Adam et Ève avaient la vie éternelle au jardin d'Éden, mais Ève ayant mangé du fruit de l'arbre de la connaissance du Bien et du Mal, tous deux furent chassés du jardin par un Dieu courroucé. Comme première punition, ce Dieu les condamna à mourir, eux et tous leurs descendants, à jamais. Par conséquent, la vie corporelle allait être limitée, et non plus éternelle, tout comme la substance de la vie.

« Mais si nous n'enfreignons pas ses lois, Dieu nous redonnera la vie éternelle. L'amour de Dieu est inconditionnel, seules ses récompenses ne le sont pas. Dieu nous aime même lorsqu'il nous voue à la damnation éternelle. Cela le blesse plus que nous, car il veut vraiment que nous retournions à la maison, mais il ne peut rien y faire si nous nous conduisons mal. À nous de choisir.

« Par conséquent, il n'est pas question de mal nous conduire. Nous devons mener une bonne vie. Nous devons nous y efforcer. Pour ce faire, nous devons savoir vraiment ce que Dieu veut et ne veut pas de notre part. Nous ne pouvons faire plaisir à Dieu ni éviter de l'offenser si nous ne savons pas différencier le bien du mal. Nous devons donc connaître la vérité à cet égard.

« La vérité est simple à comprendre et facile à connaître. Nous n'avons qu'à écouter les prophètes, les maîtres, les sages, la source et le fondateur de notre religion. S'il y a plus d'une religion, et par conséquent plus d'une source et d'un fondateur, nous devons nous assurer de choisir la bonne. Choisir la mauvaise pourrait nous reléguer dans le camp des perdants.

« Lorsque nous choisissons la bonne, nous sommes supérieurs, meilleurs que nos semblables, car nous avons la vérité de notre bord. Le fait d'être "meilleurs" nous permet de décrocher la plupart des prix du concours sans vraiment les disputer. Nous nous déclarons gagnants avant le début de la compétition. C'est conscients de cela que nous nous donnons tous les avantages et que nous rédigeons nos "règles de vie" de manière qu'il soit presque impossible aux autres de remporter les grands prix.

« Ce n'est pas par mesquinerie, mais uniquement pour nous assurer de la victoire, car elle nous revient puisque ce sont ceux de notre religion, de notre nationalité, de notre race, de notre sexe, de notre orientation politique qui connaissent la vérité et méritent donc d'être les gagnants.

« Parce que nous méritons de gagner, nous avons le droit de menacer des gens, de les combattre et même de les tuer, au besoin, afin de parvenir à ce résultat.

« Il y a peut-être une autre façon de vivre, Dieu a peut-être une autre idée en tête, une autre vérité plus grande, mais si c'est le cas, nous ne la connaissons pas. En fait, nous ne savons même pas si nous sommes censés la connaître. Il est possible que nous ne soyons même pas censés essayer de la connaître, encore moins de connaître et de comprendre Dieu. Il est présomptueux d'essayer, et blasphématoire de déclarer l'avoir fait.

« Dieu est Celui qui connaît sans être connu, qui bouge sans bouger, le Grand Invisible. Par conséquent, nous ne pouvons connaître la vérité qu'on nous demande de connaître afin de répondre aux conditions auxquelles on nous demande de répondre afin de recevoir l'amour qu'on nous demande de recevoir afin d'éviter la condamnation que nous cherchons à éviter afin d'avoir la vie éternelle que nous avions déjà avant que tout cela ne commence.

« Notre ignorance est malheureuse, mais ne devrait pas poser problème. Nous n'avons qu'à croire sur parole ce que nous croyons vraiment savoir – notre récit culturel – et à agir en conséquence. Nous avons tenté de le faire, chacun selon ses propres croyances, et nous avons créé la vie que nous vivons à présent, et la réalité sur la Terre que nous sommes en train de créer. »

Voilà ce que s'imaginent la plupart des humains. Vous avez tous vos variations mineures. Mais c'est essentiellement ainsi que vous vivez votre existence, que vous justifiez vos choix et expliquez les résultats.

Certains d'entre vous n'acceptent pas tout, mais vous en acceptez tous une partie. Et si vous acceptez de fonctionner à partir de ces déclarations, ce n'est pas parce qu'elles reflètent votre sagesse la plus profonde, mais parce que quelqu'un d'autre vous a dit qu'elles étaient vraies.

Dans une certaine mesure, vous avez dû vous raconter des histoires.

C'est une fiction.

Neale Donald Walsch, *Communion avec Dieu*,
Éditions Ariane, 2001.

Quelques exemples de livres d'éveil publiés par Ariane Éditions

Le champ
Science et champ akashique
Accéder à son énergie sacrée
Au-delà du Portail
Telos, tomes 1, 2 et 3
Les cartes de l'éveil
Guérir avec les anges (jeu de cartes)
Le livre de l'Éveil
Et l'univers disparaîtra
Tout est accompli
Transparence II
Créateurs d'avant-garde
Biologie des croyances
Reconquérir son ADN
La puissance de guérison de l'aura
Le pouvoir de créer
Sagesse des Pléiades
Que sait-on vraiment de la réalité ?
Un
2007, Le retour de la lumière
2008, Au-delà du voile, des illusions et de la confusion
2009, la Grande Transformation
Le haut conseil de Sirius
Les enfants du présent
Médecine vibratoire
La divine matrice
L'union de l'âme et de la sexualité
La science de l'intention
Entrer dans le jardin sacré
L'oracle de la nouvelle conscience (jeu de cartes)
Guérir de la détresse émotionnelle
Cercle de grâce
Médecine énergétique
L'envolée humaine
Sagesse africaine